FENG SHUI

WOHNEN IN HARMONIE

FENG SHUI

WOHNEN IN HARMONIE

Stephen Skinner

mit Mary Lambert

Orbis Verlag

Der Text dieses Buches entspricht den Regeln
der neuen deutschen Rechtschreibung.

ISBN 3-572-01351-8

Satz und Filme: Typographische Anstalt Ges.m.b.H., Wien
Herstellung: Hans-Joachim Preußer
Druck: Neografia, Martin
Produktionsbetreuung: Print Company Verlagsges.m.b.H.,
Margaretenstrasse 87, 1050 Wien
Übersetzung: Andrea Farthofer
Umschlaggestaltung: Büro Norbert Pautner, München

Printed in Slovakia

Inhalt

Einleitung

Feng Shui, das übersetzt „Wind" und „Wasser" bedeutet, ist die alte Kunst der Inneneinrichtung und des Energieflusses in Wohnungen und Häusern, die in China bereits seit mehreren tausend Jahren erfolgreich eingesetzt wird.

Auch im Westen ist Feng Shui mittlerweile schon relativ weit verbreitet, und Menschen, die alle Prinzipien angewendet haben, erkannten, dass dies die Atmosphäre in ihren Wohnungen, die Beziehung zu ihrer Familie und folglich ihr Wohlbefinden beeinflusste und ihnen neue Energie zur Veränderung und Verbesserung ihres Lebens gab.

Wie funktioniert Feng Shui?

Feng Shui geht davon aus, dass Energie, das so genannte *Chi*, durch Wohnung und Haus fließt. In Japan wird diese Energie als *Ki* und in Indien als *Prana* bezeichnet. Um ein optimales Wohnambiente zu schaffen, muss diese Energie frei durch unser Zuhause fließen können, ohne blockiert oder gestoppt zu werden.

Im ersten Teil dieses Buchs, *Lebensenergie durch Feng Shui*, werden die unterschiedlichen Aspekte des Feng Shui erörtert. Therapien, wie etwa die chinesische Kräuterkunde, Akupunktur und Shiatsu bedienen sich eines detaillierten Diagnosesystems zum Aufspüren der Energieblockaden im Körper. In Folge wird eine individuelle Behandlung verordnet, um den Energiefluss so zu manipulieren, dass alle Blockaden, die Krankheit oder Unwohlsein verursachen, gelöst werden.

Das *Chi* bewegt sich immer spiralförmig, und diese Bewegung muss in Wohnung und Haus gefördert werden. Scharfe Kanten der Möbel, Winkel oder Balken können den Energiefluss behindern. Dadurch entstehen wahre Giftpfeile oder ein schneidendes *Sha*

►
Im Wohnbereich bedarf es einer ausgewogenen Kombination aus *Yin* und *Yang*, um Harmonie zu erzeugen. Weiche Strukturen und Stoffe etwa stehen für *Yin*.

Chi, das sich gegen die Bewohner richtet. Diese schlechte Energie kann langfristig Unruhe oder Krankheit hervorrufen. Um dieser Energie entgegenzuwirken oder sie abzuschirmen, kann man Kristalle oder Pflanzen als Heilmittel benutzen.

◄ **Lavendelöl aus Lavendelblüten hat eine große Heilkraft. Es eignet sich gut zum Reinigen, da es mit Wasser versetzt negative Energien beseitigt.**

▼ **Aromaseifen und Badesalze sorgen im Badezimmer für ein äußerst angenehmes Ambiente.**

Yin und *Yang*

Ein zentraler Bestandteil des Feng Shui ist das Gleichgewicht der entgegengesetzten Kräfte *Yin* und *Yang*. *Yin* gilt als weiblich, dunkel und passiv, während *Yang* für männliche, positive, helle und feurige Eigenschaften steht. Das Symbol des *Tai Chi* zeigt die Interaktion von *Yin* und *Yang* – das eine kann ohne das andere nicht sein. *Yin* steht für Erde, Dunkelheit, Mond und Tod, während *Yang* den Himmel, das Licht, die Sonne und das Leben repräsentiert. Keines der Elemente kann ohne das andere existieren.

Für eine perfekte Harmonie in der Wohnung bedarf es eines Gleichgewichts zwischen den Energien von *Yin* and *Yang*. In einem Wohnzimmer muss man etwa die Accessoires, wie einen Holztisch, einen Spiegel und Metallgegenstände – allesamt *Yang* – mit Kissen, einem Überwurf, einem Teppich und Vorhängen kombinieren, die für *Yin* stehen. Wenn zu viele Gegenstände derselben Kraft einen Raum dominieren, entsteht jedoch ein Ungleichgewicht der Energie.

Der Kompass

Ehe Sie mit den Verbesserungen in Ihrem Zuhause beginnen, müssen Sie mithilfe eines Kompasses die Himmelsrichtung Ihrer Wohnung bestimmen. Dabei stellen Sie fest, wo sich die Elemente – die allgegenwärtige Grundenergie allen Lebens – sowie die acht Trigramme befinden.

Die fünf Elemente

Die fünf Elemente werden mit den acht Richtungen des Kompasses assoziiert: der Süden steht für Feuer, der Norden für Wasser, der Osten für Holz und der Westen für Metall. Der Südwesten entspricht der starken Erde, der Nordwesten starkem Metall, der Nordosten der kleinen Erde und der Südosten kleinem Holz.

Die Beziehung zwischen diesen fünf Elementen, die Kompassrichtungen und das *Pa Kua* sind das Kernstück des Feng Shui. Das Wissen um den Bezug der Elemente zueinander ermöglicht es dem Feng Shui-Meister, das Zusammenspiel der fünf Elemente im Hinblick auf Glück und Pech zu interpretieren und zu beeinflussen. Die Elemente werden durch einen Schöpfungszyklus und einen Zerstörungszyklus gesteuert. Im Schöpfungszyklus produziert etwa das Feuer die Erde, die Metall hervorbringt, usw.

Der Zerstörungszyklus spiegelt den Verfallsprozess der Natur wider. Das Holz zerstört die Erde, die wiederum das Wasser absorbiert, etc. Das Verständnis für diese Zyklen hilft Feng Shui-Meistern bei der Verwendung von symbolischen Gegenständen, die diesen Elementen entsprechen, den Bereich des *Pa Kua* zu stärken und sicherzustellen, dass Gegenstände nicht in Bereichen verwendet werden, wo diese mit dem regierenden Element kollidieren würden.

Das *Pa Kua*

Das *Pa Kua* ist eine achteckige Figur mit einem Trigramm auf jeder Seite. Es handelt sich dabei um eines der grundlegendsten Werkzeuge des Feng Shui. Um Ihr Zuhause zu vermessen, stellen Sie mithilfe eines Kompasses die Himmelsrichtung fest. Dann kann das *Pa Kua* darauf gelegt werden, wobei die acht Trigramme die acht Himmelsrichtungen zeigen.

Die acht Trigramme

Jeder Abschnitt des *Pa Kua* steht für eines der acht Trigramme: der Süden steht für Anerkennung und Ruhm, der Norden für Berufsaussichten, der Osten für Familie und Gesundheit, der Westen für Kinder, der Südwesten für Ehe und Partnerschaft, der Nordwesten für hilfreiche Freunde, der Nordosten für Ausbildung und Wissen und der Südosten für Reichtum.

Legt man das *Pa Kua* auf den Plan der Wohnung, wird ersichtlich, in welchen Bereichen sich welche Lebenswünsche befinden. Sie können dann die jeweiligen Elemente einsetzen, um diese Bereiche gemäß Ihrer besten Himmelsrichtung zu verbessern.

Planung Ihres Zuhauses

Sobald Sie das *Pa Kua*-Symbol auf den Plan Ihres Hauses gelegt haben, kann der Spaß beginnen. Für jeden Raum erhalten Sie nützliche Informationen, wie Sie Ihre Lebenswünsche durch Inneneinrichtung, Stoffe, Beleuchtung und Möbel positiv beeinflussen können.

Im Badezimmer ist etwa ein hoher *Yang*- Anteil wichtig, um dem *Yin*-Aspekt dieses Wasser entziehenden Raums entgegenzuwirken. Im Schlafzimmer ist die Beleuchtung für die *Yang*-Energie essenziell, die aber nicht zu grell sein darf, da dies das ruhige Ambiente stören würde.

Die Anwendung von Feng Shui kann sehr lohnend sein. Beginnen Sie mit einem Raum und genießen Sie die positiven Auswirkungen auf Sie und Ihre Familie, und nehmen Sie sich danach die restlichen Räume und Lebensbereiche vor.

►

Vor der Anwendung der Feng Shui-Prinzipien gilt es, nicht benötigte oder kaputte Gegenstände auszumisten, da diese stagnative Energien verursachen. Behalten Sie alles, was Ihnen am Herzen liegt, doch planen Sie Ihren Stauraum sorgfältig. Dabei muss es sich nicht unbedingt um Stauraum im herkömmlichen Sinn handeln, denn auch Strohkörbe wie in diesem Regal können einen hübschen Blickfang darstellen.

◄

Steingut ist ästhestisch sehr ansprechend. Da solche Gefäße mit dem Element der Erde verbunden sind, können diese im Wohnzimmer oder Garten zur Verbesserung der Südwest- oder Nordwestsektoren platziert werden.

L E B E N S

d u r c h
F e n g
S h u i

E N E R G I E

Feng Shui ist eine alte Disziplin, die nicht nur Ihr Zuhause und Ihre Umgebung, sondern Ihr ganzes Leben positiv beeinflusst. Mit den ersten Veränderungen in Ihrem Wohnraum werden sich auch Ihr Energiepegel und Ihre Lebenseinstellung verändern. Doch ehe Sie Verbesserungen in den Ecken Ihrer Lebenswünsche in Angriff nehmen, beseitigen Sie Gerümpel, Trödel und negative Energien, die Sie hemmen. Achten Sie auch auf Ihre inneren Energien. Therapien wie Akupunktur und Shiatsu können Blockaden lösen und inneren Frieden bewirken.

Mit Feng Shui

zu Harmonie in Ihrem Zuhause

Während Methoden wie Akupunktur und chinesische Kampfsportarten im Westen bereits weit verbreitet und anerkannt sind, erobert sich Feng Shui, die Kunst der Wohnraumgestaltung und des Energieflusses im Heim, erst allmählich allgemeine Akzeptanz.

All diese chinesischen Praktiken unterscheiden sich von den westlichen Lehren im Wesentlichen dadurch, dass diese auf eine gänzlich andere Sicht des Universums zurückgehen. Die westliche „Wissenschaft" kann Feng Shui nicht so einfach anerkennen, selbst wenn sich diese Technik immer und immer wieder bewährt, denn die theoretischen Grundlagen passen einfach nicht zu der eingeschränkteren westlichen Sicht des Universums.

Lassen Sie sich überraschen, welche Änderungen Feng Shui in Ihrem Zuhause bewirken kann. Sobald Sie die Ergebnisse erlebt und die Funktionsweise schätzen gelernt haben, können Sie Feng Shui zur Umgestaltung Ihres Wohnbereichs und damit zur Verbesserung Ihrer Lebensqualität in allen Lebensbereichen einsetzen.

Der Standort Ihres Hauses, die Anordnung der Möbel, die Farben in den einzelnen Räumen und der Fluss des *Chi* tragen allesamt zu einer harmonischen oder unharmonischen, einer positiven oder negativen Umgebung bei. Durch Feng Shui-Techniken können diese grundlegenden Elemente verändert werden, um einen harmonischen Bereich zu schaffen, der Sie glücklich, reich und gesund macht.

Die Ursprünge des Feng Shui

Feng Shui bedeutet Wind und Wasser. Im Wesentlichen wird alles Leben auf diesem Planeten von den Felsen in den Bergen bis zum Wetter und der Laune des Himmels von Wind und Wasser beeinflusst und von der so genannten Lebenskraft oder Lebensenergie *Chi* („Tschi" ausgesprochen) getragen. *Chi* fließt überall – ein starkes *Chi* bedeutet, dass die Pflanzen, Tiere und Menschen gedeihen und sich vermehren. *Chi* ist häufig an jenen Stellen am stärksten, wo Wasser langsam und geschmeidig fließt. Warum wurden etwa die meisten tollen Städte in geschützten Häfen oder an langsam fließenden Flüssen errichtet? An diesen Orten sammelt sich

◄ **Bei langsam fließendem „Shui" oder Wasser soll das meiste *Chi* oder die größte Energie zu finden sein. Daher wurden die meisten florierenden Städte an Flüssen erbaut.**

◄ Der komplexe *Lo Paan*-Kompass wird von Feng Shui-Meistern zur Vermessung Ihres Hauses verwendet, doch auch ein normaler Kompass liefert Ihnen die nötigen Informationen.

► *Chi* fließt auch durch den Körper, Blockaden oder Ungleichgewicht können Krankheiten verursachen. Therapien wie Akupunktur oder chinesische Kräuter tragen ebenfalls zu einem Energiegleichgewicht bei.

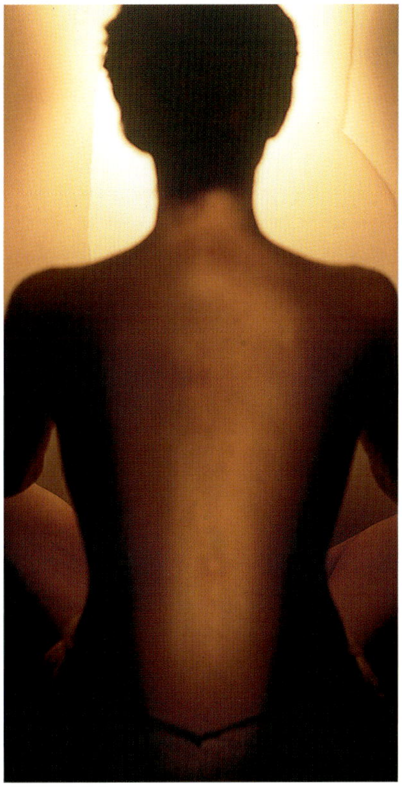

das *Chi*, das alles Leben begünstigt und den Handel fördert.

Wenn das *Chi* stagniert und einen Rückstau verursacht, wird das Leben allmählich zerstört. Wenn das *Chi* hingegen vorbeirauscht wie bei Stromschnellen, kann sich keine positive Lebenskraft sammeln, und nur wenige Menschen können an solchen Orten leben.

Die Psychologie des Feng Shui

Eine günstige Konzentration von *Chi* ist nicht nur für Tiere und Pflanzen gut – es verhilft uns auch zu einer positiven Lebenseinstellung, zu Hoffnungen und Träumen und der für deren Umsetzung erforderlichen Energie.

Die Ansammlung von *Chi* beeinflusst auch unsere Emotionen und unsere Lebenseinstellung. Depressionen (die mit stagnierendem *Chi* assoziiert werden) nehmen uns jede Kraft der Zukunftsplanung, der Weiterentwicklung und des Wachstums, und schließlich folgt ein Rückschlag auf den nächsten, als ob sich das Leben gegen uns verschworen hätte. Doch wenn reichlich *Chi* vorhanden ist, und wir uns stark fühlen, sind wir allen Schwierigkeiten gewachsen und auch ein Misserfolg kann uns nicht entmutigen.

Eine positive Einstellung zu bewahren, kann manchmal sehr schwer sein, doch die richtige Konzentration von günstigem *Chi* hilft uns dabei. Eine eher verwässerte westliche Version dieser Wirkung ist die Erkenntnis, dass unsere Umgebung dazu beiträgt, ob wir fröhlich oder niedergeschlagen sind. Intuitiv spürt man, ob man sich irgendwo wohl fühlt, doch man kann dieses Gefühl nicht erklären. Feng Shui-Meister analysieren die Anlage der Wohnung oder des Büros und überprüfen den unterschwelligen Fluss des *Chi* und spüren allfällige Blockaden oder Stagnation, die sich auf unsere Stimmung auswirken können.

Schicksal und Glück

Die Wurzeln der westlichen Zivilisation in Europa, Australien und Nordamerika gehen auf das antike Griechenland zurück, wo die Menschen eher als „Marionetten des Schicksals" betrachtet wurden. Im Westen gilt Glück als etwas so Zufälliges und Launisches wie die Lottozahlen. Doch für die Chinesen ist Glück etwas, das man fördern und kultivieren könnte – etwas, das zumindest teilweise unserer Kontrolle unterliegt. Wie wäre es möglich, dass manche Menschen immer Glück und andere immer Unglück hätten, wenn das Glück wirklich dem Zufallsprinzip unterworfen wäre?

Die alten Chinesen unterschieden drei Arten von Glück. Einerseits das als

„Himmelsglück" bezeichnete Glück, mit dem man geboren wird (das erklärt die ungleichen Chancen, je nachdem, in welche Familie man geboren wird).

Die zweite Kategorie „Menschenglück" bezeichnet das Glück, für das wir selbst verantwortlich zeichnen, etwa den Erfolg eines „Self-made-man". Zu guter Letzt gibt es noch das „Erdenglück", das wir durch die kluge Anwendung der Feng Shui-Prinzipien steuern können. Das Feng Shui bewirkt unterschiedliche Konzentrationen an *Chi* und damit bestimmte Arten von Glück im Hinblick auf Gesundheit, Reichtum und Glück in der Familie. Diese Form des Glücks kann man erst dann gänzlich verstehen, wenn man selbst oder ein Feng Shui-Experte die notwendigen Änderungen vorgenommen hat.

◄ **Durch die Anwendung der Feng Shui-Techniken in Ihrem Haus und eine Verbesserung der jeweiligen Bereiche können Sie die Beziehung zu Ihrem Partner stärken und verbessern.**

► **Ein verbesserter Energiefluss zu Hause und mehr günstiges *Chi* hat positive Auswirkungen auf Ihre Karriere und Ihren Reichtum.**

Gesundheit

Chi beeinflusst nicht nur unsere Emotionen, sondern auch unsere physische Stärke und unsere Krankheitsresistenz. So wie das *Chi* den Kampfsportlern zu scheinbar übermenschlichen Leistungen verhilft, kann eine günstige Konzentration an *Chi* den natürlichen Heilungsprozess des Körpers fördern.

Beziehungen und Karriere

Veränderungen des Wohnraums im Sinne von Feng Shui können uns mental stärken und unseren Energiepegel heben. Sie können auch die Interaktion mit anderen Menschen beeinflussen, wodurch uns unsere Umwelt stärker und positiver wahrnimmt. Dies wiederum stärkt unsere bestehenden familiären Beziehungen oder fördert neue Kontakte. Die Anwendung bestimmter Feng Shui-Prinzipien kann zudem auch die Beziehung zu Ihren Kindern fördern.

Reichtum

Ein beruflicher Aufstieg bringt ganz offensichtlich auch eine bessere finanzielle Lage mit sich, doch Feng Shui geht noch weiter und meint, dass sich Ansammlungen von günstigem *Chi* von selbst physisch bemerkbar machen und größere berufliche Chancen und echten Reichtum bewirken.

Feng Shui-Praxis

Feng Shui ist keine Zauberei, sondern eine ausgeklügelte konkrete Methode – unterschiedliche Prinzipien dienen der Begünstigung von Gesundheit, Beziehungen oder dem Vermeiden von Streits innerhalb der Familie. Es ist nicht schwer, sich genügend Informationen zum Verbessern des eigenen

◄ **Wenn das *Chi* in Ihrem Wohnbereich frei fließen kann, wird sich die Beziehung zu Ihren Freunden verbessern und Sie werden leichter neue Freundschaften schließen.**

und zeigen sich erst später – etwa spirituelle Klarheit und die Fähigkeit, einige der Ursachen für Veränderungen in Ihrem Leben und jenem Ihrer Mitmenschen und der Welt als solches zu erkennen. Sie müssen die Ereignisse nicht länger dem Schicksal überlassen, da Sie die Energieströme dank Ihres neuen Wissens bewusst nützen und sie zum richtigen Zeitpunkt in die gewünschte Richtung bewegen können.

Falls Sie dies für eine vereinfachte Form der taoistischen Philosophie halten, haben Sie Recht, denn Feng Shui ist tatsächlich eine frühe taoistische Praxis. Bedenken Sie jedoch, dass Feng Shui keine Religion, sondern eine Technik und Wissenschaft und oft eine Kunst ist, die Harmonie in Ihr Zuhause, Ihre Umgebung und Ihr Leben bringen kann.

Umfelds nach Feng Shui-Methoden anzueignen, doch seien Sie in der Umsetzung vorsichtig, denn eine versehentliche negative Veränderung Ihres Feng Shui wird schon bald ihre Spuren hinterlassen, so wie auch eine positive Veränderung sehr rasch spürbar wird. Feng Shui ist eine Technik und keine Glaubensfrage. Feng Shui funktioniert, egal ob Sie daran glauben oder nicht. Wenn Sie rasche Ergebnisse sehen wollen und nicht genug Zeit haben, um alles selbst zu lernen, ist es möglicherweise sinnvoll, einen Feng Shui-Experten zurate zu ziehen.

Dies sind nur einige der ganz offensichtlichen Vorteile der korrekten Feng Shui-Praxis, doch manche Vorteile sind nicht ganz so augenscheinlich

Chinesische Sprache

Obwohl es nicht notwendig ist, die wichtigsten chinesischen Zeichen zu kennen, um die Prinzipien des Feng Shui zu verstehen, sind sie in diesem Buch abgebildet, wenn dies Sinn macht. Die Umschrift aller chinesischen Zeichen erfolgt nach dem Wade-Giles-System anstatt dem modernen, in Festland-China verwendeten *Pinyin*-System. Der Grund dafür ist, dass sich bis vor kurzem mehr als 95 % aller englischen Bücher dieses Systems bedienten. Mit dem *Pinyin*-System hätten wir viele Leute vor den Kopf gestoßen, die sich bereits an Feng Shui-Erklärungen im Wade-Giles-System gewöhnt haben. Für chinesische Leser ist dies kein Problem, solange das ursprüngliche chinesische Zeichen angeführt ist.

Der Einfluss von Yin und Yang

Yin und *Yang* sind interaktive Begriffe, die alles vergleichen, was in der Welt lebt oder existiert. Oft werden sie als sich ergänzende, aber entgegengesetzte Zustände beschrieben.

Yin wird traditionellerweise mit der Erde und allem Weiblichen assoziiert und bezieht sich auf Eigenschaften wie Winter, Kälte, Dunkelheit, Ruhe, Negativität und Wasser. *Yang* hingegen steht für den Himmel, alles Männliche, die Unendlichkeit oder den Kosmos. *Yang* bedeutet warm, hell, feurig, positiv, trocken, bewegend und lebendig.

◄ **Weiche, prachtvolle Überwürfe sorgen für mehr *Yin*-Eigenschaften im Wohnzimmer.**

Yin- und *Yang*-Symbol

Das taoistische Symbol *Tai Chi* vereinfacht die Beziehung von *Yin* und *Yang*. Der Kreis zeigt die Einheit, während der schattierte Bereich die dünklere *Yin*-Energie und der weiße Bereich die hellere, leichtere *Yang*-Energie symbolisiert. Innerhalb beider Bereiche gibt es einen kleinen Punkt mit entgegengesetzter Energie. Dies soll verdeutlichen, dass nichts ausschließlich *Yin* oder *Yang* ist – für etwas Dynamik muss ein bisschen der entgegengesetzten Kraft vorhanden sein.

▲ **Das *Tai Chi Yin*- und *Yang*-Symbol zeigt die Einheit der dunklen (passiven) *Yin*- und der weißen (positiven) *Yang*-Energie. Es symbolisiert die Tatsache, dass nichts nur *Yin* oder nur *Yang* ist, sondern immer eine Mischung aus beiden gegeben ist.**

Die früheste Interpretation von *Yin* und *Yang* im Feng Shui kommt aus der Formenlehre, die sich mit der Umwelt befasst. Hier steht *Yin* für die kalte, dünklere, schattige und nördliche Seite eines Hügels, während *Yang* für die wärmere, hellere und sonnigere Südseite steht. Auch die Landschaft wird als Berge oder Wasser betrachtet. Die Berge sind ruhig und *Yin*, das Wasser ist *Yang* und aktiv. Die ideale Lage besteht daher aus Hügeln und Flüssen.

Die moderne Interpretation

Im Feng Shui sind *Yin* und *Yang* ein guter Ausgangspunkt, wenn wir einen Blick auf unser Heim oder unser Büro werfen. Das Heim sollte drei Teile *Yang* und zwei Teile *Yin* aufweisen. Der Unterschied zwischen Heim und Büro liegt darin, dass wir zu Hause unsere Energien wieder erlangen und uns beschützt fühlen sollen. Das Zuhause sollte also mehr *Yin* als das Büro ha-

▲ **Ein *Yang*-Glasobjekt kann als Gegenstück zu den *Yin*-Eigenschaften weicher Möbel eingesetzt werden.**

◄ **Metallgegenstände sind starke, positive Objekte für die Ecke eines Wohn- oder Esszimmers.**

▲ **Durch Einsatz von *Yin*- und *Yang*-Elementen können Sie die Energie in einem Raum steuern und ein Gleichgewicht herstellen. Dieser Hartholztisch sorgt für mehr *Yang*.**

ben, das *Yang* – aktiv, hell und für eine produktive Tätigkeit sehr energiereich sein sollte. Ihr Heim kann ländlich (eher *Yin*) oder städtisch (eher *Yang*) sein. Ist es ein altes Haus (eher *Yin*) oder ein modernes Gebäude (*Yang*)?

Bei der Einrichtung etwa sind goldene Gemälde, Steinskulpturen, Metallobjekte und Spiegel sehr *Yang*, während Polstermöbel, Textilien an den Wänden oder große Kissen eher *Yin* sind. Bei den Farben dienen etwa Rot und Orange der Förderung Ihrer südwestlichen Beziehungsecken und des *Yang*, während Blau, Schwarz und Grün eher *Yin*-Eigenschaften haben.

Harmonie zwischen *Yin* und *Yang* in allen Räumen bringt Zufriedenheit und Gleichgewicht in Ihr Zuhause und damit Glück in Ihr Leben.

YIN UND YANG IM HAUS

Tipps

- Verstärken Sie das *Yin* mit einem lockeren und warmen Stil, weichen Möbeln und entspannender Musik.
- Das Schlafzimmer muss ruhig sein, da wir dort durch den Schlaf unsere Energien wieder herstellen. *Yang*-Elektrogeräte wie Fernseher, Stereoanlage und Fax oder Computer sollten hier vermieden werden.
- Kerzen im Wohnbereich sorgen für positive *Yang*-Energie.
- Küchen müssen mehr *Yang* aufweisen, da hier die Familie zum Essen zusammenkommt und Geborgenheit sucht. Helles Licht, Elektrogeräte, Kühlschrank und Herd verstärken diese starke Energie.
- Lassen Sie die *Yang*-Energie in Ihr Zuhause und begünstigen Sie deren Fluss durch eine aufgeräumte Diele.

Ausmisten von Trödel

▲
Im Badezimmer oder auf einer Ankleidekommode können Toilettenartikel in kleinen Sisalkörbchen verstaut werden, um nicht unordentlich in den Regalen zu stehen.

►
Kartons in modernem Weiß bieten im Heimbüro den notwendigen Stauraum und sorgen für eine ordentliche, saubere Umgebung.

◄
Eine frei stehende Garderobe ist eine praktische und erfrischende Abwechslung zu schweren Schränken. Verstauen Sie alle Kleidungsstücke vor dem Schlafengehen, um nicht von einem beunruhigenden Chaos umgeben zu sein.

Im Feng Shui müssen Sie sich von allem Trödel trennen, um Platz für neue Chancen in Ihrem Leben zu schaffen und sich somit eine neue Zukunft zu ermöglichen.

Je mehr Gegenstände wir in unserem Zuhause haben, desto mehr ziehen uns diese hinab. Warum hängen wir also so sehr an all diesen Dingen und werfen so ungern etwas weg?

Manchmal fällt es uns schwer, zu entscheiden, ob wir unsere wertvollen Sachen behalten wollen. Doch ehe Sie sich von allem trennen und zum Minimalisten werden, müssen Sie zwischen den Dingen, die Sie behalten wollen und jenen Dingen, die Sie als Trödel bezeichnen würden, unterscheiden.

Alles, was Sie behalten wollen, sollte nützlich sein und ordentlich aufbewahrt werden. Trödel hingegen ist alles, was Sie nicht mehr verwenden und was keinen ihm zugedachten Platz hat.

Trennen Sie sich von Dingen, wie altem Gewand, das Sie vielleicht mal anziehen würden oder im Karneval tragen könnten. Trödel kann eine große Wirkung auf uns haben, da dadurch der ungehinderte Fluss des *Chi* behindert wird. Dies wiederum verringert die Wahrscheinlichkeit, dass wir uns mit Leichtigkeit durch das Leben bewegen. Wenn Sie sich jedoch mit Dingen umgeben, die Sie lieben, wird Ihr Energiepegel beim Anblick dieser Dinge jedes Mal steigen.

Die Planung des Stauraums

Ein gutes Stauraumsystem sollte Ihren Bedürfnissen entsprechen und etwas sein, das Sie kontrollieren und nicht umgekehrt. Wenn Sie an einer neuen Zukunft für sich arbeiten wollen, trennen Sie sich von allem Trödel, Gerümpel und Altlasten und schaffen Sie auf diese Art in Ihrem Leben Platz für neue Chancen.

Sehen Sie sich einmal zu Hause um und überlegen Sie, wie der Trödel mit dem *Pa Kua* und Ihren besten Richtungen zusammenpasst. Wenn sich etwa in Ihrer Berufsecke ein Berg alter Zeitungen angehäuft hat, könnte dies auf eine Stagnation in beruflicher Hinsicht hindeuten.

AUSMISTEN VON TRÖDEL

Tipps

Trödel bedeutet Hemmnis und Hindernisse in Ihrem Leben. Wenn Sie entrümpeln, kommt wieder Bewegung in Ihr Leben.

- Stellen Sie weder Kisten, Zeitungen noch Spielzeug in die Diele oder auf Treppen, um den freien Fluss des *Chi* nicht zu behindern.
- Trennen Sie sich von altem Kram, den Sie nicht mehr benötigen – das wird Ihnen gut tun.
- Spenden Sie alte Kleidung, die Sie nicht mehr tragen, einer karitativen Organisation und behalten Sie nur eine Basisgarderobe.
- Reparieren Sie kaputte Geräte oder werfen Sie diese weg – das hebt Ihren Energiepegel.
- Vor der Anwendung von Feng Shui-Praktiken müssen Sie sich von Gerümpel trennen.
- Entfernen Sie regelmäßig Papierkram von Ihrem Schreibtisch zu Hause und priorisieren Sie Aufgaben, um nicht in Rückstand zu geraten.
- Bewahren Sie unter dem Bett keinen Trödel auf, da dies stagnierende Energie erzeugt.

◄ **Farbenfrohe, stapelbare Kisten benötigen wenig Platz und können zur Aufbewahrung der unterschiedlichsten Dinge im Schlafzimmer oder im Heimbüro verwendet werden.**

Der Stauraum für Ihr ganzes Zuhause muss geplant werden – und zwar gesamtheitlich. Bedenken Sie, dass zusätzlicher Stauraum in Ihren unglücklichsten Ecken gut unterzubringen ist, da damit sichergestellt wird, dass das negative *Chi* dort verharrt und keinen Schaden anrichten kann. Niemals sollten Sie Stauraum in Ihren glücklichen Ecken anlegen, da dies stagnierende Energie in Bereichen bedeutet, die aktiviert werden sollten, nämlich in Ihrem *Sheng Chi* (oder Ihrer besten Richtung).

Analysieren Sie jetzt Ihre Anforderungen an den benötigten Stauraum. Bedenken Sie dabei allfällige Probleme wie etwa das Blockieren von Steckdosen, zu öffnende Türen, die Höhe des Stauraums, den man noch erreichen können muss, sowie die für die Regale erforderliche Mauerstärke. Das Ziel muss es sein, sich mit vibrierender und frei fließender *Chi*-Energie zu umgeben. Die wichtigsten Dinge müssen leicht auffindbar sein, und es muss genug Platz für Ihre Lieblingsbeschäftigung sein. Nach dem Entrümpeln werden darüber hinaus auch versteckte architektonische Details besser zur Geltung kommen.

Stilvoller Stauraum

Zeigen Sie sich beim Schaffen von Stauraum kreativ. Trennen Sie sich vom Gedanken an herkömmliche Aufbewahrungssysteme und improvisieren Sie mit farbenfrohen Kisten oder Körben, denn damit werden Sie Ihren eigenen Stil finden und ein gut funktionierendes System einrichten.

Vielleicht bieten auch Gegenstände anderer Epochen einen Lösungsansatz für Ihr Problem – etwa beim Blick auf die Klassiker des englischen Landhausstils oder coole Einrichtungen des 20. Jahrhunderts. Ebenso könnte sich die richtige Lösung für Sie in dem farbenfrohen jahrtausendealten Ethnostil finden.

▲
Farbenfrohe, stapelbare Körbe erfüllen im Wohnzimmer einen doppelten Zweck: Sie dienen als Stauraum für Zeitschriften und anderen Kram und können auf die restliche Einrichtung abgestimmt werden.

◄
Kleine Körbe sind sehr vielseitig und können in jedem Raum zum Einsatz kommen. In der Küche etwa können Sie mit Obst gefüllt werden.

►
Wenn Sie ein großes Aufbewahrungssystem unterbringen müssen, verwenden Sie dazu eine Ecke, die sonst negative Energie abgeben würde oder ungenützt bliebe.

◄ Durch die sorgfältige Planung Ihres Stauraums können Sie alle wichtigen Besitztümer gut unterbringen. Vermeiden Sie allzu viele offene Regale, da ihre scharfen Kanten schneidendes *Chi* in den Raum abgeben können.

◄ Stauraum kann auch mal ausgefallen aussehen. Diese alten Koffer verleihen dem Raum den Charme vergangener Tage und eignen sich zudem gut als Stauraum.

AUSMISTEN VON TRÖDEL

Checkliste

- Überlegen Sie, ob Sie eine flexible oder dauerhafte Stauraumlösung benötigen.
- Berechnen Sie, wie viel Sie für Stauraum ausgeben wollen.
- Prüfen Sie, ob es in Ihrem Zuhause zusätzlichen Platz gibt, den Sie ausschließlich als Stauraum nützen können.
- Legen Sie fest, welche Dinge verstaut werden müssen, und wo diese abgelegt werden. Vielleicht muss manches, etwa Sport- oder Hobby-Ausrüstungen, in bestimmten Räumen untergebracht werden.
- Denken Sie nach, wo Sie wichtige Dinge, die Sie immer suchen, aufbewahren könnten.
- Planen Sie Stauraum für selten benötigte Erinnerungsstücke ein, wie etwa alte Briefe.
- Organisieren Sie saisonale Dinge, wie etwa Sommer-/Winterbekleidung.

Raumenergie reinigen

Eine faszinierende Begleiterscheinung von Feng Shui ist das Klären der Raumenergie. Diese alte Kunst beseitigt durch den Einsatz von Zeremonien und Ritualen alle ungünstigen Energien in Haus und Büro. Diese Praxis wird traditionellerweise vor dem Einzug in ein neues Zuhause oder nach einer Krankheit oder einem Unglücksfall angewendet. Man kann damit auch die Wirkung von Feng Shui-Heilmitteln verstärken und stagnierende Bereiche in einem Raum energetisch reinigen.

Es gibt einen spürbaren Unterschied zwischen einem Raum vor und nach dem Klären der Raumenergie – danach fühlt sich der Raum leichter und heller an, als ob eine frische Frühlingsbrise die Fenster aufgestoßen hätte. Man hat das Gefühl durch einen Wald mit hohen, stattlichen Nadelbäumen zu gehen. Die Luft ist ganz frisch und der eindringliche Duft der Kiefernadeln macht den Kopf frei. Die Bewohner fühlen sich zu Hause wohl und genießen ein Hochgefühl.

Feng Shui und das Klären von Räumen

Das Klären der Raumenergie, das im Zusammenhang mit Feng Shui praktiziert wird, gibt es in ähnlicher Form auch in diversen anderen Kulturen in aller Welt. Um etwa in China ein Haus von negativer *Chi*-Energie zu befreien, schreibt ein taoistischer Priester Gebete auf ein Pergamentpapier. Dann verbrennt er die Gebete, vermengt die Asche mit Salz und verteilt die Mischung in einer Zeremonie im gesamten Haus. Ähnliche Rituale mit Salz zum energetischen Reinigen von Räumen wurden in fast allen Kulturen weltweit verwendet. Obwohl viele dieser Traditionen sehr komplex sind, gibt es auch einige einfache Methoden zum Heben des Energieniveaus in einem Raum.

Einzug in ein neues Zuhause oder Büro

Vor dem Einzug muss die Energie von neuem Wohn- oder Arbeitsraum gereinigt werden, da andernfalls die

◄ **Einige Tropfen Ölessenz mit Wasser in einer Duftlampe vermischt, können zum Klären der Raumenergie verwendet werden – nach einem Streit etwa Geranien- oder Lavendelöl.**

► **Nach der energetischen Reinigung eines Raums wird die geänderte Atmosphäre sofort spürbar. Diese wird sich leicht und luftig anfühlen und an einen Frühlingstag erinnern.**

verbleibende Energie der vorherigen Bewohner für die neuen Bewohner spürbar bleiben würde. Oft verrät die Geschichte eines Hauses sehr viel. In einem Fall wurden etwa die drei Bewohner, die hintereinander im selben Haus gewohnt hatten, Opfer von schweren Verkehrsunfällen. In einem anderen Fall entwickelten die beiden Bewohner desselben Hauses die gleiche seltene Form von Leukämie. Nach dem Einzug in ein bestimmtes Haus wurden drei unterschiedliche Hausbesitzer zu Alkoholikern. Kann das Zufall sein? Ein Feng Shui-Meister würde sagen, dass sich die nicht beseitigte Restenergie unbewusst auf die nachfolgenden Bewohner übertrug.

Obwohl vor dem Umzug das Klären der Raumenergie durch einen professionellen Berater empfehlenswert ist, gibt es doch einiges, was man selbst vorab tun kann. Reinigen Sie nach Möglichkeit die Wände, Decken und Böden vollständig. Einer Tradition zufolge gibt man die Schalen von neun Orangen oder Zitronen in eine Schüssel, füllt diese mit Wasser und spritzt das Wasser auf alle Oberflächen. Bei einer anderen Methode verbrennt man in jedem Raum etwas Salbei und stellt sich vor, dass dies die Energie reinigt.

Beseitigen von stagnierender Energie

Stagnierende Energie beeinträchtigt die Gesundheit und das Wohlbefinden der Bewohner. Die Techniken zum Reinigen der Raumenergie bringen vitale neue Lebenskraft in ein Gebäude. Besonders leblos wird Energie in den Ecken eines Raums, da sich das *Chi* in kreisförmigen Bewegungen an den Ecken vorbeibewegt. Diese Bewegung ähnelt der Bewegung von Wasser, das einen Berg hinabfließt. In den Kurven und Ausbuchtungen sammeln sich Blätter, Holz und Mist. Auch in den Ecken eines Raums ist keine energetische Bewegung, und das energetische Reinigen des Raums bringt die Vitalität in diese Bereiche zurück. Doch nach einiger Zeit sinkt die Energie wieder und muss erneut gereinigt werden.

Beseitigen von Negativität

Wenn Sie jemals einen Raum nach einem Streit betreten haben, kennen Sie das schwere Gefühl, das noch lange nach dem Streit in der Luft hängt. Dies ist ein Beispiel für negatives *Chi*, und dies kann die Gesundheit und das Wohlbefinden aller Menschen beeinträchtigen, so lange der Raum nicht energetisch gereinigt wurde. Auch wenn jemand lange Zeit in einem Haus krank war oder Ihr Unternehmen einen toten Punkt erreicht, kann negatives *Chi* im Raum vorhanden sein, das es nun zu beseitigen gilt.

Entrümpeln von Trödel

Als erster Schritt für das Klären der Raumenergie empfiehlt sich das Entrümpeln (siehe Seiten 18–21). Trödel und Gerümpel beeinträchtigen den Fluss des *Chi* und verlangsamen seine Energie und Bewegung. Durch das Entfernen von Gerümpel wird diese Energie

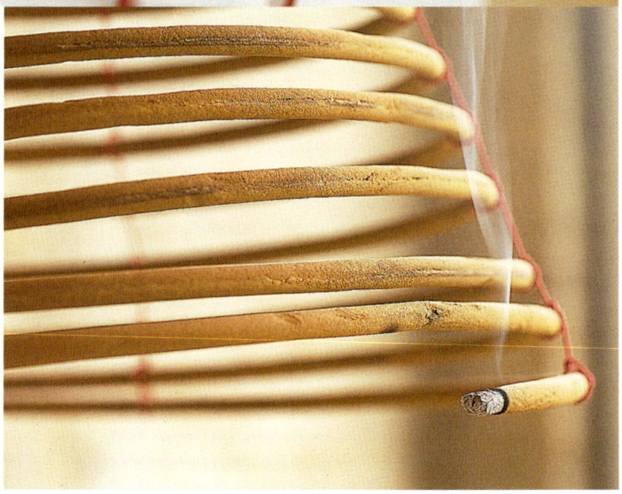

▲► **Obwohl es sich nicht direkt um eine Methode zum Reinigen der Raumenergie handelt, kann Rauch einen Wohnraum mit einem angenehmen Duft erfüllen und die Stimmung aller Anwesenden heben.**

▲
Stagnierende Energie sammelt sich oft in den Winkeln des Wohnbereichs. Diese muss, wie bei den Tipps rechts beschrieben, regelmäßig gereinigt werden.

wieder freigesetzt, und sie kann symbolisch Dinge entfernen, die Sie belastet haben. Stellen Sie sich nach dem Entrümpeln in die Mitte des zu reinigenden Raums. Atmen Sie tief durch und erweitern Sie Ihr Bewusstsein, sodass dieses den ganzen Raum erfüllt. Gehen Sie mit einer Glocke oder Rassel im Kreis durch den Raum. Lassen Sie Ihre Absicht den Klängen folgen und den Raum erfüllen. Gehen Sie so lange im Kreis, bis Sie das Gefühl haben, dass der Raum leichter und klarer ist.

Feng Shui-Heilmittel

Das Klären der Raumenergie empfiehlt sich vor der Anwendung von Feng Shui-Heilmitteln, denn die Anwendung eines Heilmittels in einem nicht geklärten Raums wäre so, als ob man einen frischen Blumenstrauß in eine Vase mit vertrockneten Blumen stellen würde.

Ob Sie nun einen Kristall oder ein Aquarium aufstellen, das Ergebnis wird dauerhafter sein, wenn Sie zuerst die negative Energie beseitigen.

EINFACHE RAUMREINIGUNG

Tipps

Das Reinigen der Raumenergie ist nach dem Einzug in ein neues Haus oder Büro, nach einer Krankheit, nach einem Streit und ganz allgemein dann notwendig, wenn sich die Raumenergie stagnierend anfühlt sowie vor der Anwendung von Feng Shui-Heilmitteln. Durch diese einfachen Techniken können Sie eine frische Atmosphäre in den Räumen schaffen.

- Klatschen Sie in die Hände, während Sie im Kreis durch den Raum gehen. Achten Sie besonders auf Winkel und dunkle Bereiche. Klatschen Sie vom Boden zur Decke. Der Ton wird klarer werden, je mehr die Energie gereinigt ist.
- Versprühen Sie in einem Raum mit einem Wassersprüher (idealerweise aus Glas) Wasser und einige Tropfen einer Ölessenz.
- In einem neuen Wohnraum verwenden Sie Salbei-, Kiefer-, Tannen- oder Wacholderöl.
- Nach einer Krankheit sollten Sie mit Eukalyptus-, Zitronen- oder Rosmarinöl sprühen.
- Nach einem Streit empfehlen sich Lavendel- oder Geranienöl.
- Zum Heben des Energieniveaus verwenden Sie Orangen-, Zitronengras-, Limetten- oder Pfefferminzöl.
- Beginnen Sie in der östlichsten Ecke und läuten Sie eine Glocke, wenn Sie beginnen, im Kreis zu gehen. Stellen Sie sich vor, dass die Geräusche Ihre Absicht durch jeden Teil des Raums tragen. Beenden Sie das Reinigen der Raumenergie, indem Sie mit der Glocke eine Acht beschreiben, womit die Reinigung abgeschlossen und der Raum „versiegelt" wird.
- Streuen Sie Salzkristalle an den äußeren Rand des Raums, und achten Sie besonders auf die Winkel. Nach 24 Stunden können Sie das Salz mit dem Staubsauger entfernen.

Grundlagen des Feng Shui im Wohnbereich

Um Ihren Wohnbereich zu vermessen und herauszufinden, wo die acht Lebenswünsche liegen, müssen Sie zuerst die Himmelsrichtungen bestimmen. Obwohl die Feng Shui-Meister dazu traditionellerweise einen komplexen und teuren chinesischen Kompass oder *Lo Pan* verwenden, ist ein solches Gerät nicht unbedingt notwendig. Ein guter Standard-Kompass leistet ebenso gute Dienste.

Bedeutung des *Pa Kua*

Das *Pa Kua* (oder *Bagua* in der Pinyin-Version des Chinesischen) ist eines der grundlegenden Diagnosewerkzeuge im Feng Shui. Es handelt sich dabei um eine einfache achtseitige Figur. *Pa* bedeutet „acht" und *Kua* „Trigramm", sodass *Pa Kua* einfach acht Trigramme bezeichnet.

Um die Feng Shui-Diagnose durchzuführen, legt man das *Pa Kua*-Symbol auf den Plan seines Hauses. Die *Pa Kua*-Richtungen sind vielseitig und können auf ein ganzes Haus, einen Garten, eine Wohnung oder einen einzelnen Raum angewendet werden. Die acht Trigramme werden dabei den acht Hauptrichtungen auf dem Kompass zugeordnet. Das traditionelle chinesische Feng Shui richtet das *Li*-Trigramm am magnetischen Süden aus.

Der innere Ring zeigt die Trigramme und ihren Bezug zu den Kompasspunkten, der zweite Ring gibt den chinesischen Namen des Trigramms an – so ist etwa Sun der Name des Trigramms im Südwesten. Der dritte Ring stellt die chinesischen Elemente dar. Holz, Metall und Erde stehen für je zwei Richtungen, Feuer und Wasser nur für eine. Der vierte Ring zeigt die Farbe des jeweiligen Elements, und der fünfte Ring weist die acht Kompassrichtungen aus. Damit können Sie das *Pa Kua*-Symbol auf einen Plan Ihres Hauses legen und diesen in acht Sektoren einteilen. Der sechste Ring zeigt den Aspekt der üblichen Lebenswünsche – so steht etwa der Südwesten für Partnerschaft und Ehe (siehe auch Seiten 46–47).

Verwendung des *Pa Kua*

Die acht Sektoren des *Pa Kua* stehen für die acht Lebenswünsche (siehe Seiten 42–57), und jeder Sektor ist einer Facette Ihres Lebens zugeordnet. Anhand der folgenden Anleitung können Sie herausfinden, wo die acht Lebenswünsche in Ihrem Zuhause liegen und Feng Shui-Techniken anwenden, um die Chancen auf Gesundheit, Reichtum und Glück zu erhöhen:

1 Zeichnen Sie einen maßstabgetreuen Plan des zu analysierenden Raums oder des gesamten Bereichs.

2 Zeichnen Sie die Diagonalen und an deren Kreuzungspunkt den Mittelpunkt des Raums ein, um hier den Kompass anzulegen.

3 Markieren Sie die vier Kompasspunkte – Norden, Osten, Süden und Westen – und deren vier Mitten – Nordosten, Südosten, Südwesten und Nordwesten.

4 Legen Sie das *Pa Kua*-Symbol (wie rechts gezeigt) auf den Plan, sodass die Kompasspunkte auf den jeweiligen *Pa Kua*-Abschnitten zu liegen kommen.

5 Notieren Sie die Bereiche Ihres Lebensraumes und deren Ziele und Platzierung als Referenz (siehe Kasten auf Seite 28).

◄ **Legen Sie den *Pa Kua*-Raster über den Plan Ihres Hauses, um herauszufinden, wo die Lebenswünsche und ihre Trigramme liegen.**

▼
Kopieren Sie diesen *Pa Kua*-Raster und legen Sie ihn über den Plan Ihres Hauses, Ihrer Wohnung oder eines einzelnen Raums. Achten Sie darauf, dass die Kompasspunkte exakt übereinander zu liegen kommen.

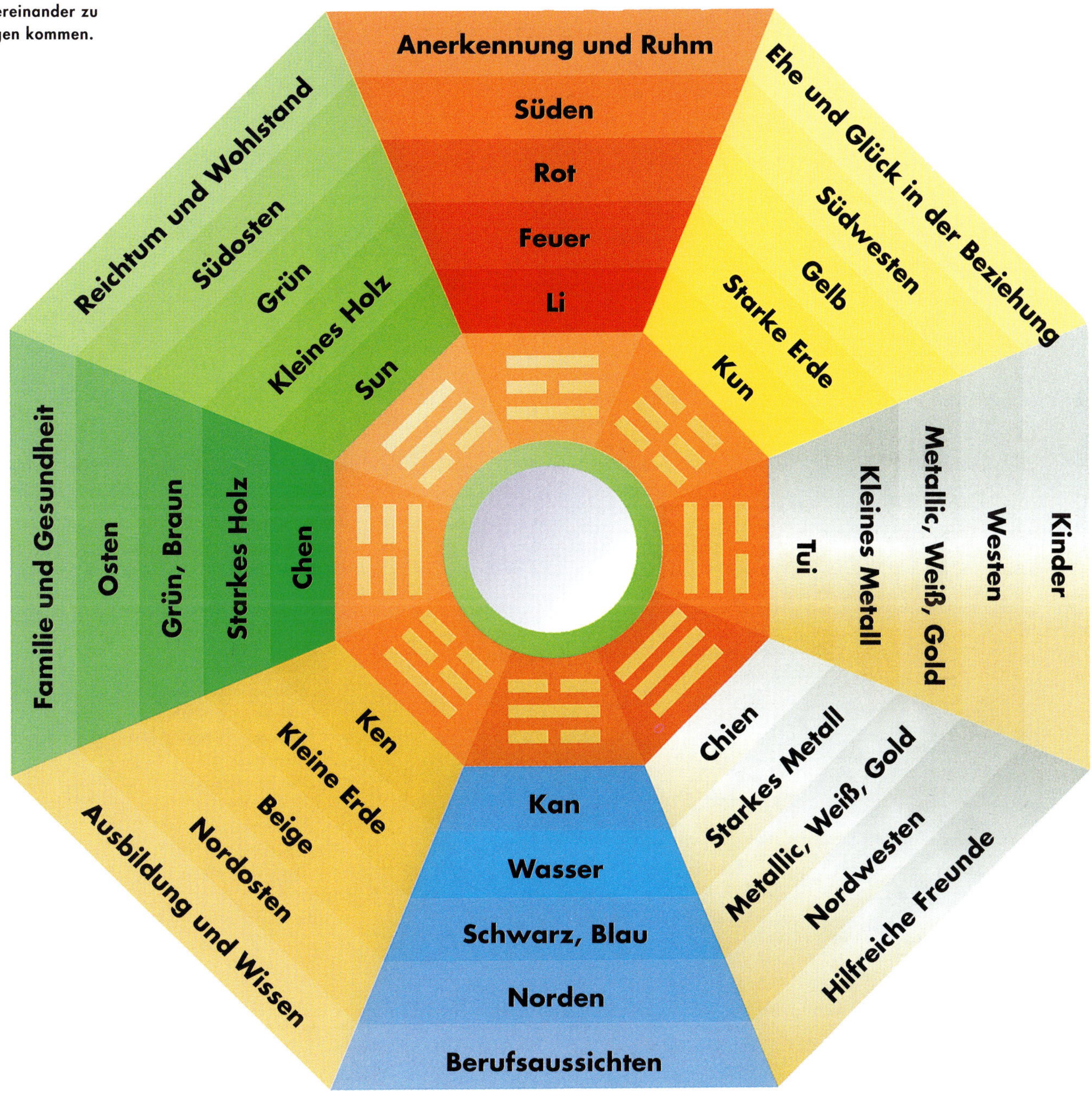

Fehlende Ecken

Diese Methode funktioniert bei einem rechteckigen oder quadratischen Grundriss am besten. Bei einem anderen Grundriss, etwa einer L-Form oder unregelmäßigen Form, fehlt eine Ecke. Im Feng Shui heißt das, dass einer oder mehrere *Pa Kua*-Sektoren fehlen und nicht aktiviert oder verbessert werden können. Das kann man jedoch durch den klugen Einsatz von Lichtquellen und Spiegeln kompensieren, die den Fehlbereich symbolisch ersetzen.

Wenn Sie das Feng Shui Ihres Hauses oder Gartens auf einfache und effiziente Art verbessern wollen, bedienen Sie sich des *Pa Kua*-Rasters. Ausgerüstet mit einem Kompass können Sie selbst Feng Shui praktizieren. Dies ist nicht schwer und macht Spaß. Sie müssen lediglich überlegen, welche Lebenswünsche Sie stimulieren wollen und dann an deren Verbesserung arbeiten.

Die acht *Pa Kua*-Sektoren

Norden	Beruf und Karriere
Nordosten	Ausbildung und Wissen
Osten	Familie und Gesundheit
Südosten	Reichtum und Wohlstand
Süden	Ruhm und Anerkennung
Südwesten	Ehe und Partnerschaft
Westen	Kinder
Nordwesten	Hilfreiche Freunde

► **Das Vermessen Ihres Wohnzimmers macht Spaß, denn sobald Sie die Sektoren kennen, können Sie die Einrichtung und Accessoires auswählen, um damit die jeweiligen Lebenswünsche entsprechend zu fördern.**

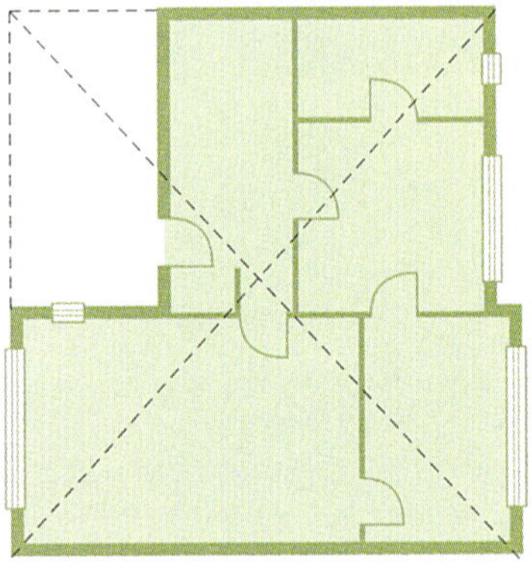

► **Bei einem unregelmäßigen Grundriss fehlen ein oder mehrere *Pa Kua*-Sektoren. Das bedeutet, dass das Glück in diesem Fehlbereich nicht leicht aktiviert werden kann. Identifizieren Sie den fehlenden Sektor, indem Sie zwei diagonale Linien auf Ihrem Plan einzeichnen, um den Mittelpunkt zu eruieren, und positionieren Sie den Kompass an dieser Stelle.**

◄ **Nach dem Vermessen Ihres Hauses mit einem Kompass und dem *Pa Kua* können Sie auch einzelne Räume, etwa das Schlafzimmer planen, um dort die entsprechenden Sektoren zu aktivieren.**

Die fünf Elemente

Man sagt, dass man durch die Kombination der fünf Elemente in unterschiedlicher Menge alle in der Natur vorkommenden Variationen schaffen kann. Doch im Feng Shui haben die fünf Elemente einen ganz besonderen Bezug zu den acht Sektoren des *Pa Kua* (siehe Seiten 26–29).

Der Schöpfungs- und Zerstörungszyklus

Der Bezug zwischen den fünf Elementen, den Kompassrichtungen und dem *Pa Kua* ist ein wichtiger Bestandteil der Feng Shui-Praxis. Durch das Wissen um diesen Bezug kann der Feng Shui-Berater interpretieren, wie die fünf Elemente in der physischen Welt zusammenspielen, um Glück oder Pech zu bringen.

Die Elemente werden von zwei Beziehungszyklen bestimmt – dem Schöpfungszyklus und dem Zerstörungszyklus. Im Schöpfungszyklus produziert das Element Wasser Holz, das wiederum Feuer hervorbringt, das die Erde nährt, die das Metall hervorbringt, das das Wasser produziert. Dieser Zyklus ist kontinuierlich, und die Elemente profitieren voneinander und bringen das jeweils nächste Element in andauernder Harmonie hervor.

Der Zerstörungszyklus hingegen zeigt den kontinuierlichen Prozess des in der gesamten Natur üblichen Verfalls, der ebenso wichtig wie der Schöpfungszyklus ist. Im Zerstörungszyklus vernichtet das Holz die Erde, die wiederum das Wasser absorbiert, das das Feuer löscht, das das Metall schmilzt, das schließlich wieder das Holz zerstört.

Feng Shui-Experten wissen um den Zusammenhang zwischen diesen beiden Zyklen und setzen die einzelnen Elemente symbolisch in Wohnungen und Büros ein, um einzelne Elemente zu verstärken oder abzuschwächen und dadurch das Gleichgewicht der Energien in dieser Räumlichkeit zu verändern.

Einsatz der Elemente

Die Elemente sind sehr wichtig, wenn wir das günstige *Chi* nützen wollen, da entsprechende Ziergegenstände, die die verschiedenen Elemente symbolisieren, zur Betonung der jeweiligen Sektoren eingesetzt werden können.

Ein Blick auf das *Pa Kua* zeigt, dass sich die fünf Elemente nicht gleichmäßig auf die acht Ziele verteilen, sondern manche Elemente bei zwei Kompassrichtungen vertreten sind. Die Erde steht für den Südwesten und Nordosten, Metall für den Westen und Nordwesten und Holz für den Osten und Südosten. Wasser entspricht nur einer Kompassrichtung, dem Norden, ebenso wie das Feuer, das den Süden repräsentiert. Doch die doppelt vorkommenden Elemente Erde, Holz und Metall stehen jeweils für eine Hauptrichtung und eine Nebenrichtung.

▲ **Das Element der Erde bezieht sich auf den Südwesten und den Nordosten und wird durch Gelb, Beige und Braun verkörpert.**

▼ **Das Element Holz bezieht sich auf die Ostrichtung auf dem Kompass und wird durch die Farbe Grün symbolisiert.**

◄ **Das Element Wasser ist dem Norden zugeordnet, und die entsprechenden Farben sind Blau oder Schwarz.**

▲ **Das Element Feuer liegt im Süden und wird durch Rot dargestellt. Das Element Metall liegt im Westen; es wird durch Weiß, Gold und Silber symbolisiert.**

Bedeutung der Farben

Jedes der fünf Elemente wird durch ein, zwei oder drei Farben symbolisiert. Holz ist grün, Feuer rot, Wasser schwarz oder blau, die Erde braun oder gelb und Metall weiß, gold oder silber. Nach Feng Shui sollten diese dominanten Farben für die entsprechenden Ecken verwendet werden. Wenn Sie also ein intensives Grün im Osten und Südosten, ein intensives Rot im Süden, ein intensives Schwarz oder Blau im Norden, ein intensives Gelb im Südwesten und Nordosten und ein intensives Weiß oder Metallic im Westen verwenden, entsprechen Ihre Grundfarben dem richtigen Element.

Andere Farben kann man gemäß dem Schöpfungszyklus einsetzen – im Osten und Südosten, die Holz entsprechen, wären etwa die Farben Blau und Schwarz des Wassers sehr gute Alternativen, da Wasser Holz hervorbringt. Weiß oder metallische Farben sind für den Osten oder Südosten nicht geeignet, da Metall im Zerstörungszyklus Holz vernichtet. Für die Ecken der Erde im Südwesten und Nordosten sind alle Nuancen und Kombinationen aus Rot geeignet, da das Feuer im Schöpfungszyklus die Erde nährt. Tabu sollte hier Grün sein, da Holz die Erde zerstört.

Der Westen und Nordwesten sind die Ecken des Metalls. Neben Weiß sind hier alle Nuancen und Kombinationen aus Gelb, Beige und Braun gut geeignet, da Erde Metall hervorbringt. Rot sollte hier vermieden werden, da Feuer das Metall schmilzt.

Für den Norden, also das Wasser, ist Weiß sehr gut geeignet, da Metall Wasser produziert. Für den Süden, der dem Feuer entspricht, ist Grün zu empfehlen, da Holz das Feuer schürt.

Diese Farblehre für die Inneneinrichtung kann durch andere Überlegungen erhärtet werden. So gilt etwa die Farbe Rot normalerweise als günstig, und die Farbe Violett gilt in Kombination mit Silber als äußerst glücklich, da die beiden Wörter auf Chinesisch wie das englische Wort für Geld „Money" klingen (*Ngan Chee*).

Feuer

Die Macht des Feuers übt schon seit Jahrtausenden eine enorme Faszination auf die Menschheit aus, und dieser Kraft wird im Feng Shui Rechnung getragen.

Das Element des Feuers wird mit dem Süden und dem Sommer assoziiert. Es wird durch Licht, Kerzen und die Farbe Rot symbolisiert. Wenn Sie also ein helles Licht im südlichen Bereich Ihres Zuhauses platzieren, können Sie damit Ihren Ruhm und Ihre Anerkennung steigern, was besonders günstig ist, wenn Sie Schauspieler, Sänger, Politiker oder Schriftsteller sind oder einen Beruf ausüben, bei dem Sie häufig in der Öffentlichkeit stehen.

Feuer ist eine sehr positive *Yang*-Energie, und eine Inneneinrichtung mit roten Gegenständen und hellem Licht erhöht die Feuerenergie und ist besonders gut für Leute, die in einem Erdenjahr geboren wurden, da im schöpferischen Elementezyklus das Feuer die Erde nährt. Umgekehrt jedoch wäre es für jemanden, der in einem Feuerjahr geboren wurde, nicht gut, zu viel vom Element Wasser in Form von Aquarien oder Brunnen in seinem Zuhause zu haben, da das Wasser im Zerstörungszyklus das Feuer auslöscht.

► **Ein roter Stuhl kann für positive *Yang*-Energie im Wohnbereich sorgen.**

◄ **Geben Sie dem südlichen Bereich Ihres Zuhauses Licht, um Ihren persönlichen Ruhm und Ihre Anerkennung zu steigern.**

►
Wenn Sie aus diesem kräftig roten Glasbecher trinken, kann dies insbesondere für in einem Erdenjahr geborene Menschen sehr günstig sein.

▲
Den Feuerbereich Ihres Wohnzimmers können Sie mit Objekten, wie diesem roten Sofa, aktivieren.

Erde

Das Element der Erde kann verwendet werden, um die Harmonie und das Gleichgewicht in Ihrem Leben wieder herzustellen. Dies ist durch ockerfarbene Einrichtung und eine symbolische Verwendung von Erdmaterialien möglich.

Eine erdausgerichtete Einrichtung sollte warm und beruhigend sein, um Nähe und Gemeinsamkeit zu fördern, was zur Verbesserung einer Ehe oder Partnerschaft gut geeignet ist. Eine solche Einrichtung fördert das Wissen und Lernen und wird dank der gesteigerten Konzentrationsfähigkeit besonders Ihren Kindern bei der Vorbereitung auf eine Prüfung zugute kommen.

Die mit der Erde assoziierten Lebensbereiche sind Partnerschaft und Ehe (Südwesten) sowie Ausbildung und Wissen (Nordosten). Zur Förderung dieser Bereiche in Ihrem Zuhause können Sie Keramik, Terrakotta-Gegenstände oder Kristalle im südwestlichen und nordöstlichen Bereich einsetzen.

Im schöpferischen Elementezyklus bringt die Erde Metall hervor. Daher können auch die komplementären Metallbereiche Ihres Zuhauses (der Westen und Nordwesten) von einer erdnahen Einrichtung profitieren. Sie können Kristalle etwa im mit Kindern assoziierten Westen platzieren. Erdige Accessoires im Nordwesten, der die Beziehung zu hilfreichen Freunden fördert, können Ihnen zu neuen, aufregenden Kontakten verhelfen.

► **Ockerfarbene Keramikgegenstände im Südwesten fördern gute Beziehungen.**

► **Porzellan im Nordwesten Ihres Zuhauses kann die zwischenmenschlichen Kontakte zu hilfreichen Freunden fördern, da die Erde Metall hervorbringt, das Element dieses Sektors.**

◄
Zur Förderung von Ausbildung und Wissen platzieren Sie Porzellangegenstände wie diese Gefäße im Nordwesten Ihres Zuhauses.

▼
Die herrlichen Erdfarben dieser Terrakottafigur können Harmonie in Ihr Zuhause bringen.

▼
Blickfänge wie diese Keramikschale können mit Kristallen gefüllt, zur Förderung Ihrer Kinderecke im westlichen Bereich aufgestellt werden.

Metall

Die Materialien, die wir zur Einrichtung unserer Wohnräume verwenden, beeinflussen die *Chi*-Energie, die durch die einzelnen Räume zirkuliert. Auch Oberfläche und Struktur der Objekte haben eine Auswirkung auf das *Chi*. Generell beschleunigen harte, glatte und glänzende Oberflächen wie etwa Metall den Fluss des *Chi*, sodass Metall ein sehr positives *Yang*-Element darstellt. Die mit Metall verbundenen Bereiche sind jene der Kinder (Westen) und jener der hilfreichen Freunde (Nordwesten). Um das Wohlbefinden Ihrer Kinder zu fördern, schwanger zu werden oder die Beziehung zu Ihren Freunden in diesen Bereichen Ihres Zuhauses zu verbessern, können Sie hier Kristall- oder Metallgegenstände wie Bilderrahmen, Ziergegenstände oder Uhren aufstellen.

Manchmal ist es auch klug, einige *Yang*-Metallgegenstände in einem eher *Yin*-betonten Bereich zu platzieren, um ein besseres Gleichgewicht zwischen *Yin*- und *Yang*-Energie zu bewirken.

Metallobjekte helfen auch, Wasser zu „erzeugen", da Metall im Schöpfungszyklus Wasser hervorbringt. Daher würde auch dieser Bereich, der mit dem Beruf verknüpfte Norden, von hübschen Metallobjekten profitieren.

▲ **Diese versilberten Birnen fangen das Licht ein und sind eine hübsche Tischdekoration.**

◄ **Metallobjekte im Nordwesten Ihres Gartens fördern die Aussicht auf gute Beziehungen zu hilfreichen Freunden.**

◄
Kerzen in Metallkerzenständern im westlichen Bereich Ihres Wohnzimmers fördern eine Schwangerschaft oder das Wohlbefinden Ihrer Kinder.

▼
Die harte, glänzende Oberfläche von Metallgegenständen, wie etwa dieser Kaffeekanne, sorgt im Küchenbereich für positive Energie.

▲
Silberne Teller auf dem Esstisch sehen nicht nur bezaubernd aus, sondern verleihen dem daraus gegessenen Essen auch beflügelnde Energien.

▼
Sie können Metallobjekte, wie diese Gießkannen, auch zur Förderung der West-Ecke (Kinder) in Ihrem Garten nützen.

Wasser

Chi-Energie zirkuliert immer durch Haus und Garten, und der Fluss des *Chi* wird auch durch die Elemente, vor allem durch das Wasser, beeinflusst. Wasser ist daher ein für die Feng Shui-Praxis sehr wichtiges Werkzeug, da dieses Element laufend *Chi* durch die Umgebung befördert und sammelt.

Der Anblick und Klang von reinem, natürlich fließendem Wasser ist entspannend und beruhigend, kann aber auch zum Aktivieren bestimmter Lebens- oder Wohnbereiche eingesetzt werden.

Wasser wird mit dem Beruf (Norden) assoziiert. Hier können Sie also mithilfe von Wasser Ihre Karrierepläne unterstützen. Wasser ist auch das Symbol von Reichtum, und so ist etwa ein Aquarium oder Brunnen im südöstlichen Teil Ihres Zuhauses zum Aktivieren von Reichtum sehr beliebt. Im Schlafzimmer sollten jedoch keine Wasserobjekte oder -bilder angebracht werden, da dies hier negative Auswirkungen haben kann.

Zu viel Wasser ist generell nicht ratsam, da es manche Bereiche überschwemmen oder übermäßig aktivieren kann. Das Badezimmer wird etwa von den Chinesen wegen seiner stagnierenden Energien immer negativ betrachtet. Dazu kommt, dass das Wasser, das mit Geld in Zusammenhang gebracht wird, laufend aus diesem Bereich abgeht.

▲
Trinkwasser ist ein Teil Ihres inneren Feng Shui und dient dem Gleichgewicht und der Harmonie der Körperenergien.

◄
Wasserobjekte im Garten sind sehr günstig. Idealerweise stellt man diese auf der linken Seite des Vorgartens auf – vom Eingang kommend gesehen.

▲
Der Fluss des Wassers, besonders von Strömen, wird mit dem Fluss des *Chi* gleichgesetzt und gilt unter Feng Shui-Meistern als günstig.

◄
Wasser ist ein bedeutender Aspekt im Feng Shui, doch ein Übermaß kann ein Ungleichgewicht der Energien bewirken.

▲
Ein Aquarium im südöstlichen Teil Ihres Wohnzimmers kann die Aussichten auf Reichtum verbessern.

Holz

Das Element Holz ist nicht nur einfach ein großes Stück Holz. Als eines der fünf Elemente geht dies auf *Yin* und *Yang* zurück und steht für alle lebenden Bäume und Pflanzen.

Mit dem Element Holz werden die Bereiche Reichtum und Wohlstand (Südosten) und Familie und Gesundheit (Osten) assoziiert. Wenn Sie Ihren Wohlstand steigern oder das allgemeine Wohlbefinden in Ihrer Familie fördern wollen, stellen Sie einige Holzgegenstände und einige energiereiche Pflanzen in der Südostecke und im Osten auf. Hartholzgegenstände sind *Yang*, während Weichholz *Yin* ist. Für Harmonie ist daher ein Gleichgewicht dieser Gegenstände erforderlich.

Wenn Sie zudem in einem Holzjahr geboren wurden, wäre es ratsam, alle Gegenstände, die Holz symbolisieren, zu betonen. Ebenso können Sie mit Wasser arbeiten und etwa ein Aquarium oder einen Brunnen zur Stärkung des Holzbereichs einsetzen, da das Element Wasser im Schöpfungszyklus das Holz hervorbringt. Das Holz produziert zudem Feuer, sodass auch der Komplementärbereich des Feuers (der Süden) von Holzaccessoires profitiert.

►
Holzschüsseln sind sehr vielseitige Accessoires, die auf dem Kaffeetisch ebenso hübsch sind wie als Essgeschirr.

◄
Lampen mit Holzfuß geben jedem Raum eine angenehme Wärme.

▼
Interessante Schnitzarbeiten können in der Ostecke Ihres Wohnzimmers platziert werden.

▼
Hübsch gemustertes Servierbesteck aus Holz macht sich als Blickfang am Esstisch sehr gut.

►
Holzstühle in ausgefallenem Design können zum Mittelpunkt eines Raums werden.

►
Holzbänke beleben den Garten und können Ihrer Reichtumsecke im Südosten zugute kommen.

▲
Holzgefäße, etwa zur Aufbewahrung von Stiften, fördern den Bereich Familie und Gesundheit im Osten.

Feng Shui-Verbesserungen

Die Lebenswünsche

Jedes der acht Trigramme, die Teil des *Pa Kua* sind (siehe Seiten 26–29), gehört zu einem Lebenswunsch, der mit einem Lebensbereich in einem bestimmten Teil Ihres Zuhauses verknüpft ist.

Um einen Lebensaspekt zu verbessern oder Ihr Leben insgesamt zu beruhigen, kann ein Bereich „aktiviert" werden, indem man dessen Element zur Förderung des jeweiligen Lebenswunsches verwendet. Das Trigramm für den Norden etwa ist *Kan*, sein Element ist das Wasser und es steht im Zusammenhang mit dem Beruf; das Trigramm des Südens ist *Sun*, und es wird mit Reichtum und Wohlstand assoziiert. Heilmittel können auch strategisch positioniert werden, um einen bestimmten Bereich Ihres Zuhauses zu fördern und zu aktivieren.

Beruf

Trigram: *Kan*
Bereich: Dieser Aspekt wird mit dem nördlichen Bereich des *Pa Kua* und dem Norden Ihres Zuhauses assoziiert.
Element: Wasser. Symbolisiert durch Wasserobjekte wie Brunnen, Aquarien und die Farben Blau und Schwarz.
Zur Förderung Ihrer Karriere sorgen Sie für Energie in der Berufsecke Ihres Büros und Zuhauses. Wenn Ihr Schlafzimmer im Norden, einem ausgeprägten *Yin*-Bereich, liegt, aktivieren Sie den Norden Ihres Wohnzimmers (siehe Tipps).

Hüten Sie Ihr Glück

Ein guter Platz für Ihr Heimbüro ist der

Tipps

AUFSCHWUNG IM BERUF

- Sie sollten immer mit dem Blick zur Tür sitzen, um nicht überrascht werden zu können.
- Ihr Schreibtisch sollte in Ihre persönliche beste Richtung blicken (siehe Seiten 76–77).
- Hinter Ihnen sollte sich kein Fenster, sondern eine feste Mauer befinden, um das Gefühl mangelnder Unterstützung zu vermeiden.
- In Geschäftsbesprechungen sollten Sie gegenüber der Tür in einer Ihrer persönlichen besten Richtungen Platz nehmen.
- *Insbesondere für die Nordecke:* Verwenden Sie Wasserobjekte, – Aquarien oder Wasserbrunnen – zur Aktivierung dieses Bereichs.
- Um *Yang*-Energie zu erzeugen, setzen Sie Fische, idealerweise lebhafte Guppys, in ein Aquarium von maximal 61 cm Länge.
- Verwenden Sie entsprechende Metallsymbole, da dieses Element im schöpferischen Elementezyklus das Wasser nährt.
- Stellen Sie ein symbolisches kleines blaues Licht in diesem Bereich auf.

Nordwesten, der das Glück begünstigt. Dieser Bereich wird mit Metall assoziiert, sodass Sie hier metallische Windspiele oder das Bild eines hohen Bergs als Symbol für das Metall hervorbringende Element Erde aufhängen sollten.

Energie Ihres Schreibtisches

Überprüfen Sie mithilfe des Kompasses die Richtung Ihres Schreibtisches, und platzieren Sie diesen so, dass Sie in Ihre beste Richtung blicken (siehe Seiten 76–77). Lassen Sie den Boden vor Ihrem Tisch nach Möglichkeit leer. Für *Yang*-Energie stellen Sie frische Blumen auf die Ostseite und eine kleine gesunde Pflanze in den Südosten, um die Chance auf Reichtum und persönliches Wachstum zu verbessern. Ein runder Kristall in der Südwestecke fördert die beruflichen Beziehungen.

Beseitigen Sie Papierkram, da dieser zu viel *Yin*-Energie verursacht und ein stagnierendes *Chi* erzeugt. Stellen Sie die Möbel so, dass deren scharfe Kanten keine Giftpfeile auf Sie abgeben können.

Reichtum und Wohlstand

Trigramm: *Sun*
Bereich: Wird dem südöstlichen Sektor des *Pa Kua* und ebendiesem Bereich in Ihrem Zuhause zugeordnet.
Element: Kleines Holz. Symbolisiert durch Pflanzen, Blumen und die Farbe Grün. Sinnbild für die gesamte Vegetation.

Dieser Bereich ist einer der wichtigsten in Ihrem Zuhause, da er Reichtum und Wohlstand Ihrer Familie verkörpert. Durch die Förderung dieses Bereichs können Sie Wohlstand und finanzielle Sicherheit für alle Familienmitglieder verstärken.

Dabei kann es aber auch abträgliche Faktoren geben. Eine Toilette im südöstlichen Bereich ist nicht empfehlenswert. Sollte dies unvermeidbar sein, minimieren Sie deren Wirkung, indem Sie die Klobrille unten lassen und die Tür schließen, wenn die Toilette nicht verwendet wird. Dadurch wird nur ein Minimum an positiver Energie hinuntergespült.

Das ideale Heimbüro

Der südöstliche Bereich des Hauses eignet sich hervorragend als Heimbüro. Im Garten kann die Südostecke durch das Setzen einer Vielzahl an Grünpflanzen aktiviert werden. Bemühen Sie sich um die Gesundheit der Pflanzen, da deren Wohlergehen Ihren aktuellen Reichtum symbolisiert.

Auch ein Wasserobjekt oder Fischteich am richtigen Platz im Garten sorgen für harmonische Energie. Hier müssen die Proportionen zum restlichen Garten passen.

Tipps

STEIGERN DES REICHTUMS

- Setzen Sie eine gesunde Pflanze in den Reichtumsbereich im Südosten. Pflanzen mit Stacheln oder Dornen, wie etwa Kakteen, sind nicht ratsam. Die Geldpflanze – die Jadepflanze – eignet sich hervorragend für diesen Bereich, da sie den Reichtum symbolisiert.
- Platzieren Sie Wasserobjekte, da Wasser im schöpferischen Elementezyklus Holz produziert. Ein kleines Objekt mit langsam fließendem Wasser und einigen Pflanzen oder ein Aquarium mit neun Fischen (eine Glückszahl) können diesen Bereich optimal aktivieren.
- Sollte der Reichtumsbereich dunkel sein, sorgen Sie mit einer durchgängig eingeschalteten Lampe mit niedriger Voltzahl für positive Energie.
- Ein Spiegel an der Wand eines Speisezimmers zum Spiegeln des Essens auf dem Tisch bringt Glück, da dies die Verdopplung des Reichtums symbolisiert.

Partnerschaft und Liebe

Trigramm: *Kun*
Bereich: Wird mit dem südwestlichen Bereich des *Pa Kua* und ebendiesem Bereich in Ihrem Zuhause assoziiert.
Element: Starke Erde. Symbolisiert durch Kristalle oder paarweise Gegenstände wie Herzen oder Kerzen sowie die Farbe Gelb.

Wenn eine bestehende Beziehung einen toten Punkt erreicht hat oder es Ihnen nicht gelingt, den Traumpartner zu finden, verbessern Sie diese Situation durch Feng Shui-Maßnahmen.

Stärken der familiären Bande

Die Maßnahmen zum Aktivieren des Südwestbereichs können auf das gesamte Zuhause oder nur auf das Wohnzimmer angewendet werden. Aktivieren Sie diesen Sektor jedoch nicht, wenn sich darin auch die Toilette oder die Küche befinden, da diese Räume in dieser Lage eine ganz andere Bedeutung haben.

Zur Verbesserung Ihrer familiären Beziehungen sollten Sie Fotos Ihrer Familie sowie Ihres Ehepartners in der Liebesecke platzieren. Alle Objekte in diesem Bereich sollten paarweise auftreten, um die Gemeinsamkeit zu betonen (siehe Tipps).

Verbessern Ihres Liebeslebens

Manchmal stellen sich in einer Partnerschaft, die lange Zeit gut gelaufen ist, plötzlich Probleme ein. Überlegen Sie, was sich geändert hat – insbesondere, wenn Sie gerade umgezogen sind. Vielleicht müssen Sie in Ihrem neuen Zuhause ein paar Änderungen vornehmen, um das Gleichgewicht wieder herzustellen. Wenn Sie Single sind und noch nicht den richtigen Partner gefunden haben, sehen Sie sich in Ihrem Zuhause um. Vielleicht hängen zu viele Bilder von Einzelpersonen, oder es gibt eine stagnierende Beziehungsecke mit Trödel.

Bedenken Sie, dass man Liebe nicht kaufen kann, doch mit einigen einfachen Feng Shui-Tipps können Sie die Chance auf Liebe wesentlich verbessern.

DER WEG ZUR ZUFRIEDENHEIT

Tipps

- Aktivieren Sie den südwestlichen Sektor Ihres Hauses, Wohn- oder Schlafzimmers mit echten oder seidenen roten Blumen wie Rosen, die als starkes Liebessymbol gelten.
- Benützen Sie Kristalle, um *Yang*-Energie in diesen Bereich zu bringen.
- Stellen Sie Objekte paarweise auf – etwa Mandarin-Enten, Fische, Schmetterlinge oder Fußstapfen von Buddha.
- Stärken Sie den Südwestsektor mit Figuren von Paaren, vorzugsweise von einer Tischlampe mit Keramik- oder Terrakottafuß beleuchtet.
- Verwenden Sie in diesem Bereich Ihres Wohnzimmers ein Licht, um die komplementäre Feuerenergie anzuziehen, da das Feuer im schöpferischen Elementezyklus die Erde nährt.
- Hängen Sie das Bild oder einen Fächer mit einer Pfingstrose an die Wand Ihres Schlafzimmers.
- Hängen Sie ein zwei- oder neungeteiltes Kristall- oder Keramikwindspiel in die südwestliche Ecke Ihres Wohnzimmers, um Ihre Beliebtheit zu steigern.
- Stellen Sie kein Aquarium oder Wasserbecken ins Schlafzimmer.
- Verwenden Sie keine lebenden Pflanzen oder Blumen im Schlafzimmer, da diese zu sehr *Yang* sind.
- Hängen Sie keine Bilder von Einzelpersonen auf.

Gesundheit und Familie

Trigramm: *Chen*
Bereich: Wird mit dem Ostbereich des *Pa Kua* und ebendiesem Bereich in Ihrem Zuhause assoziiert.
Element: Starkes Holz. Symbolisiert durch gesunde Pflanzen und ein intensives Grün.

Eine gute Gesundheit sorgt für das richtige Gleichgewicht in Ihrem Leben und in Ihrer Umgebung, und sie ist die beste Ausgangsbasis für Verbesserungen und eine Erweiterung des Horizonts.

Ein gesundes Gleichgewicht

In der chinesischen Küche kombiniert man die Zutaten so, dass ein Gleichgewicht zwischen *Yin* und *Yang* im Essen sichergestellt ist. Dadurch ist das *Chi* ausgeglichen und zirkuliert gut im Körper. *Yang*-Speisen sind scharf und feurig und gut für ältere Menschen, während jüngere Menschen mehr *Yin* oder mildere Speisen essen können.

Verbessern des Gesundheitszustands

Gutes Feng Shui in diesem Bereich Ihres Hauses, Wohnzimmers oder Gartens steht für eine gute Gesundheit Ihrer Familie. Eine rundblättrige Pflanze im Osten ist Glück bringend (siehe Tipps). Ersetzen Sie diese, sobald sie welkt. Auch künstliche Grünpflanzen können verwendet werden.

Bei Platzmangel können statt einer Pflanze auch Bilder von Pflanzen im Osten aufgehängt werden.

Ein gutes Feng Shui im Osten ist besonders wichtig, da die Gesundheit die Lebensgrundlage darstellt.

GESUNDHEIT

Tipps

- Stellen Sie Ihr Bett so, dass Ihr Kopf beim Schlafen in Ihre Gesundheitsrichtung (*tien yi*) zeigt (siehe Seiten 76–77).
- Stellen Sie im Osten eine gesunde Grünpflanze ohne spitze Blätter auf.
- Entfernen Sie Trödel aus dem Zentrum Ihres Hauses und Wohnzimmers.
- Aktivieren Sie den Osten durch ein Wasserobjekt – das Wasser nährt das Holz.
- Stellen Sie ein Bild von *Sau*, dem Gott der Langlebigkeit, einem der drei Glücksgötter (*Fuk, Luk, Sau*), an einem speziellen Ort auf.
- Platzieren Sie eine symbolische Zeichnung von Pfirsichen, dem Symbol der Unsterblichkeit im Osten, oder verwenden Sie Keramikobjekte oder Zier-Jadebäume mit sechs oder acht Pfirsichen (die Glückszahlen).
- In der Ostecke des Gartens platzieren Sie eine Skulptur eines Kranichpaars, Symbol des langen Lebens, nach Möglichkeit in der Nähe von Bambus oder Kiefern, ebenfalls Symbole von langem Leben.
- Für allgemeine Unterstützung und Wohlstand stellen sie eine Schildkröte mit Drachenkopf hinter Ihrem Haus auf.

Kinder

Trigramm: *Tui*
Bereich: Wird mit dem westlichen Bereich des *Pa Kua* und ebendiesem Bereich in Ihrem Zuhause assoziiert.
Element: Metall. Symbolisiert durch Metallstatuen und Elektrogeräte wie Fernseher und Stereoanlage sowie die Farbe Weiß.

Kinder stehen für unsere Hoffnungen in die Zukunft. In China ist es äußerst wichtig, Nachfahren zu haben, die den Familiennamen weitertragen, und Kinder werden oft als „wertvolle Juwelen" bezeichnet. Man erwartet von ihnen Loyalität gegenüber den Eltern sowie deren Altersversorgung.

Kinder und Harmonie in der Familie
Durch die Aktivierung des westlichen Sektors im Wohnzimmer oder einem Haus (siehe Tipps) fördern Sie die Harmonie in der Familie und erhöhen die Chance, schwanger zu werden. Wenn Sie bereits Kinder haben, wird diese Aktivierung der Psyche Ihrer Sprösslinge, ihrer Gesundheit, ihrem Verhalten und ihren schulischen Leistungen zugute kommen.

Ungünstiges Feng Shui in diesem Bereich kann jedoch schlechtes Benehmen der Kinder, Kommunikationsprobleme mit den Eltern mangelnde Motivation und schlechte schulische Leistungen zur Folge haben.

Die Chinesen haben zahlreiche Fruchtbarkeitssymbole, und oft findet man in chinesischen Wohnungen den Familienbuddha – einen glücklichen Buddha mit vielen Kindern in seinen Armen. Dieser Gott soll Nachfahrenglück bringen. Bettwäsche und Kissenbezüge der Chinesen sind oft in einem glücklichen Rot- oder Rosaton gehalten und weisen Stickereien von einem Glück bringenden Drachen und Phönix auf, um eine fruchtbare Verbindung zu fördern.

FAMILIE UND KINDER

Tipps

- Das Familienoberhaupt sollte in seiner *Nien Yen* oder Familienglücksrichtung gemäß seiner *Kua*-Zahl in der Formel der acht Häuser schlafen (siehe Seiten 76–77).
- Platzieren Sie Metall- oder Ziergegenstände wie Windspiele und Messingglocken im Westen.
- Verwenden Sie Erdgegenstände wie Kristalle, Glassachen, Keramik und Terrakotta, da die Erde im schöpferischen Elementezyklus Metall hervorbringt.
- Zur Motivation der Kinder beim Lernen stellen Sie in ihrem Arbeitsbereich Naturquarz- oder Amethystkristalle auf.
- Ihr Nachwuchs sollte immer mit dem Gesicht zur *Fu wei* oder Selbstverbesserungsrichtung sitzen (siehe Seiten 76–77).
- Um die schulischen Leistungen von Kindern zu fördern, hängen Sie ein Bild eines bekannten Genies wie Einstein oder Isaac Newton im Studierbereich der Kinder auf.
- Verwenden Sie im Westen des Wohnzimmers weiße, goldene oder silberne Gegenstände oder Stoffe.

Ausbildung und Wissen

Trigramm: *Ken*
Bereich: Wird mit dem Nordwestbereich des *Pa Kua* und ebendiesem Bereich in Ihrem Zuhause assoziiert.
Element: Kleine Erde. Symbolisiert durch Kristalle und die Farben Gelb oder Braun.

Viele chinesische Familien betrachten schulischen Erfolg als Voraussetzung für ein herrliches Leben und Status. In der modernen Welt von heute kann Feng Shui eine große Rolle bei der Verbesserung des schulischen Glücks spielen.

Aktivieren Ihres Ausbildungsbereichs

Die Aktivierung dieses Sektors ist für die Entwicklung einer Fertigkeit oder die Berufsausbildung äußerst wichtig. Bestimmen Sie mithilfe eines Kompasses (siehe Seiten 78–79) den nordöstlichen Bereich des Wohn- oder Schlafzimmers des Schülers. Im Schöpfungszyklus der fünf Elemente bringt das Feuer die Erde hervor, sodass mit der Erde assoziierte Objekte wie Keramik oder mit Feuer assoziiertes Licht diesen Bereich effizient verstärken können (siehe Tipps).

Vermeiden Sie im Nordosten jedoch Metalllampen mit scharfen Kanten oder eckiger Form, da dies *Sha Chi* oder negative Energie aussenden könnte. Sie können hier auch leere Terrakotta- oder Keramikgefäße zur Zierde aufstellen. Diese sollen das günstige *Chi* bewahren können.

Symbole für schulischen Erfolg

Das stärkste Feng Shui-Symbol für schulischen oder beruflichen Erfolg ist das *Yee Mun Lung*- oder Drachenkarpfenzeichen – ein Karpfen, der aus einem Drachentor kommt und sich in einen Drachen verwandelt. Diese sieht man manchmal paarweise angebracht über dem Eingang von chinesischen Wohnungen, sie sollen die Herrlichkeit und den Mut des Drachens an die Bewohner weitergeben – vor allem bei der Arbeit.

Auch heute noch ist die Ausbildung für beruflichen Erfolg unabdingbar – Wissen ist noch immer Macht.

Tipps

ERFOLGREICHE AUSBILDUNG

- Energetisieren Sie die Nordostecke mit Kristallen.
- Stärken Sie den Bereich mit abgerundeten Lampen mit Keramik-, Terrakotta- oder Glasfuß.
- Verwenden Sie Rot im Nordosten zur Stärkung des Erdelements, da Feuer im Schöpfungszyklus die Erde nährt.
- Gehen Sie mit Lernunterlagen achtsam um; legen Sie keine Lehrbücher auf den Boden und treten Sie nicht darauf.
- Hängen Sie Diplome an die Nordwestwand des Arbeitszimmers.
- Platzieren Sie keine Pflanzen oder Metallgegenstände wie Glocken oder Windspiele im Nordosten.
- Stellen Sie Ihren Schreibtisch in den Nordwestsektor eines Raums.
- Stellen Sie den Schreibtisch mit Blickrichtung zu *Fu wei* oder der viertbesten Richtung (siehe Seiten 76–77), um Ihr inneres Wissensglück zu aktivieren.

Ruhm

Trigramm: *Li*
Bereich: Wird mit dem Südsektor des *Pa Kua* und ebendiesem Bereich in Ihrem Zuhause assoziiert.
Element: Feuer. Symbolisiert durch Licht, Kerzen und Feuer sowie die Farbe Rot.

Ruhm äußert sich in der chinesischen Kultur in unterschiedlichster Form. Ruhm ist die Anerkennung der Talente eines Menschen durch eine Autoritätsperson, oft den Arbeitgeber, kombiniert mit einem ehrenhaften Ruf und gesellschaftlicher Anerkennung.

Tipps

AKTIVIEREN VON RUHM

- Verwenden Sie im Südbereich Ihres Wohnzimmers Lichtquellen, Kerzen und rote Ziergegenstände. Im Garten sollten Sie in diesem Bereich rotblättrige oder rot blühende Pflanzen setzen.
- Verwenden Sie Kerzenleuchter oder Lampen mit rundem Fuß und roten, weißen oder gelben Glühbirnen. Vermeiden Sie hier *Yin*-Farben wie etwa Blau.
- Hängen Sie einen geschliffenen Kristall an einer roten Schnur zum Fenster, um *Yang*-Sonnenenergie hereinzuholen und im Raum hübsche Regenbogenfarben zu erzeugen.
- Glück bringende Zeichnungen von Vögeln in kräftigem Rot wie Phönix, Hähne und Flamingos sind dem Ruhm besonders zuträglich.
- Bauen Sie im Süden eines Raums einen Kamin, um das Feuerelement und den Ruhm zu fördern.
- Holzobjekte im Süden fördern den Ruhm, da Holz im Schöpfungszyklus das Feuer nährt.
- Vermeiden Sie im Süden Zeichnungen mit Wassermotiven, da das Wasser das Feuer im Zerstörungszyklus der Elemente auslöscht.
- Nehmen Sie Abstand von einem Swimmingpool im Süden, da dies besonders dem Familienoberhaupt Unglück bringen kann, und das Ruhmesglück durch die Wassermenge zerstört wird.
- Hängen Sie im Süden ein rotes Sonnenaufgangsbild als Symbol für einen Neubeginn auf.

Der strahlende Süden

Der Süden symbolisiert das Feuer, Helligkeit und Glückseligkeit, die Sonne und die pulsierende *Yang*-Energie des Sommers. Er wird durch Zinnoberrot dargestellt, das die Chinesen oft anlässlich von Feierlichkeiten wie Hochzeiten oder Geburtstagen einsetzen.

Heute ist Ruhm durch die Anerkennung der Fähigkeiten einer Person ausschlaggebend für den Erfolg. Es gibt nichts Lohnenderes als die Anerkennung der Arbeit durch den Vorgesetzten. Ein Wohnraum mit einer südlichen Ruhmesecke, gut beleuchtet von *Yang*-Energie und voll günstiger Verbesserungen (siehe Tipps), wird den Bewohnern externe Anerkennung ihrer Leistungen einbringen. Familienmitglieder werden in der Arbeit befördert oder ihr Geschäft floriert. Das bewirkt eine hohe Selbstachtung und motiviert zur Erreichung der Ziele. Dies ist wichtig, da negatives Feng Shui in diesem Sektor genau das Gegenteil bewirkt.

Mentorenglück

Trigramm: *Chien*
Bereich: Wird mit dem Nordwestsektor des *Pa Kua* und ebendiesem Bereich in Ihrem Zuhause assoziiert.
Element: Starkes Metall. Symbolisiert durch Metall und Objekte wie hohles Metall in Windspielen und die Farben Weiß, Silber und Gold.

Für die Chinesen ist das Mentorenglück die Basis für den Erfolg und das Glück eines Menschen. Für eine gesellschaftliche Vorrangstellung und Macht ist ein Mentor unerlässlich.

Anziehen von Mentorenglück
Dieser Bereich wird von den Chinesen über alle anderen Lebenswünsche gestellt, da dieses Glück als besonders wertvoll gilt. Um dieses Mentorenglück anzuziehen, muss das Feng Shui im relevanten Sektor aktiviert sein. Wenn dieser Sektor ein gutes Feng Shui genießt, kann der Haushaltsvorstand mit guten Berufsaussichten rechnen. Da dieser Bereich vom Metall regiert wird, sind Metallobjekte in dieser Ecke dem Mentorenglück zuträglich.

Ein starkes Werkzeug für diesen Sektor ist ein sechsstrahliges, hohles Windspiel, das reichlich positive Energie ansammelt. Ein hölzernes Windspiel könnte hier nicht funktionieren, da das Metall das Holz zerstören würde. Das Feuerelement in Form von Lichtquellen sollte hier ebenfalls nicht zur Anwendung kommen, da das Feuer das Metall im Zerstörungszyklus der Elemente vernichtet und Ihr Mentorenglück verringern würde. Diese Ecke eignet sich für Hifi-Anlagen oder Fernseher, da Elektrogeräte dem Metallelement zugerechnet werden.

Mit einem Gleichgewicht von *Yin*- und *Yang*-Energie und günstigem Feng Shui im Nordwesten wird es reichlich Mentoren und andere hilfreiche Freunde geben, die den Bewohnern zum gewünschten Erfolg verhelfen.

MENTOREN UND HILFREICHE FREUNDE

Tipps

- Verbessern Sie Ihr Mentorenglück durch Metallobjekte in dieser Ecke – Fernseher, Hifi-Anlage, Metallgegenstände oder Bilder von Mentoren in Silberrahmen.
- Erdgegenstände wie natürliche Kristalle, Glück bringende Kristallfische oder ein Keramikfrosch sind ebenfalls wirksam, da Erde im Schöpfungszyklus Metall hervorbringt.
- Religiöse Objekte eignen sich hier zum Anziehen des göttlichen Mentorenglücks.
- Chinesische Gottheiten wie *Kuan Kung* (der Gott des Schutzes und Reichtums), der lachende Buddha oder *Fuk, Luk* und *Sau* (die drei Glücksgötter) stärken das Mentorenglück.
- Verwenden Sie in der Mentorenecke sechs chinesische Münzen, die mit einer roter Schnur zusammengebunden sind, oder ein sechsstrahliges Windspiel – Glück bringende traditionelle Feng Shui-Objekte.
- Streichen Sie diesen Bereich weiß, silber oder gold oder bringen Sie diese Farben bei den Möbeln und Stoffen zur Anwendung. Verwenden Sie nichts Rotes (Feuer) oder Grünes (Holz), da dies nicht zu Metall passt.

Kristalle

Kristalle sind heute ein sehr beliebtes Feng Shui-Heilmittel, die bemerkenswerte Veränderungen im Energiefluss eines Raums ermöglichen. Man kann sie parallel zu anderen Objekten zur Stärkung einer der acht Lebenswünsche des *Pa Kua* einsetzen (siehe Seiten 26–29). Da diese eine große Wirkung haben, sollte man Respekt zeigen. Verwendet man zu viele oder zu große Kristalle oder stellt diese an den falschen Platz, richtet man damit mehr Schaden als Nutzen an. Ehe Sie einen Kristall aufhängen, sollten Sie allen Trödel beseitigen (siehe Seiten 18–21), denn der Kristall erzeugt Energie und könnte die Probleme, die sich in der Vielzahl nicht mehr benötigter Dinge äußern, eventuell noch verschärfen.

Energie der Kristalle

Ein funkelnder Kristall in einem Fenster kann eine regenbogenartige Farbenpracht an die Wände werfen und einen Raum verändern. Eines der Grundprinzipien von Feng Shui ist der Fluss der Energie oder des *Chi*, da stagnierendes *Chi* ungesund ist. Klare, geschliffene Kristalle heben und fördern das *Chi* und können die Energie erheblich aktivieren. Ein kleiner Kristall in einem Fenster kann einen Raum wesentlich verändern, insbesondere, wenn Sonnenlicht darauf fällt. Er kann

einen bestimmten Teil des *Pa Kua*, die Energielandkarte Ihres Raums, stark aufladen.

Um einen bestimmten Lebensaspekt zu betonen, hängen Sie einen Kristall in das Fenster dieses Teils des *Pa Kua*. Das prismenartig gebrochene Licht sorgt für neue Energie in dem entsprechenden Lebensbereich. Wählen Sie dafür den Reichtumsbereich und bewundern Sie die positive Auswirkung auf Ihr Bankkonto oder Ihre finanziellen Möglichkeiten. Hängen Sie einen Kristall in das Fenster Ihres Beziehungsbereichs und freuen Sie sich über eine harmonischere Partnerschaft.

Aufhängen eines Kristalls

Befestigen Sie den Kristall an einem Nagel oder einer Nadel in die Mitte des oberen Fensterrahmens in geringer Entfernung vom Glas. Eine 20-mm-Kugel reicht normalerweise für einen kleinen Raum, während 30 mm für ein mittelgroßes Zimmer ideal ist. Durch Kristalle kann man auch allfälliges negatives *Sha* auflösen, das durch ein Fenster von einer T-Kreuzung, einem Lichtmast oder einem im Weg stehenden Baum kommt.

Tipps

VERWENDEN ANDERER KRISTALLE

- Ein Naturquarz- oder Amethystkristall kann zur Förderung des Nordostens – Ausbildung und Wissen – wirkungsvoll eingesetzt werden.
- Eine Gruppe aus Naturquarzsteinen kann den Beziehungsbereich Ihres Heims im Südwesten aktivieren.
- Rosenquarz hat eine große Heilkraft, die mit Romantik assoziiert wird. Er kann zur Beruhigung im Zimmer eines schwierigen Teenagers verwendet werden.
- Amethyst ist ein sehr mächtiger Kristall. Er kann zur Förderung des Heilungsprozesses im Zimmer einer kranken Person eingesetzt werden.
- Reinigen Sie Ihre Kristalle nach dem Kauf, indem Sie diese kurz unter fließendes Wasser halten. Dadurch werden allfällige negative Energien der Kristalle beseitigt.
- Hängende Kristalle können jeden Monat durch Eintauchen in frisches Mineralwasser gereinigt werden. Denken Sie beim Anbringen der Kristalle und auch beim neuerlichen Aufhängen nach dem Reinigen intensiv an deren Zweck.

Einsatz von *Pa Kua*-Heilmitteln

Beim *Pa Kua*-Raster handelt es sich um ein jahrtausendealtes und mächtiges chinesisches Symbol. Es besteht aus acht Trigrammen, die die Mysterien des Universums mit tiefer Bedeutung und Interpretation beinhalten sollen (siehe Seiten 26–29).

Jedes Trigramm wird einer Kompassrichtung zugeordnet – den vier Kardinalpunkten Norden, Süden, Osten und Westen sowie den vier Ecken des Nordostens, Nordwestens, Südostens und Südwestens. Sie werden zudem mit den acht Lebenswünschen assoziiert, die bestimmten Lebensaspekten wie etwa Beruf oder Reichtum entsprechen (siehe Seiten 42–57).

Wenn man dieses Symbol gemäß dem Prinzip der acht Häuser zur Aktivierung des Feng Shui-Glücks über einen Plan seines Zuhauses legt, kann jeder Sektor des *Pa Kua* durch ein anderes Element aktiviert werden. Daher stammt die Bezeichnung „Heilmittel", weil es das jeweilige Glück dieses Bereichs verstärkt.

Südosten – Reichtum und Wohlstand – Kleines Holz

Heilmittel: Wasserbrunnen

Warum: Der Lebenswunsch nach Reichtum und Wohlstand wird durch das Element Holz verkörpert, und im schöpferischen Elementezyklus bringt das Wasser das Holz hervor. Wenn Sie also einen Wasserbrunnen in den Südosten Ihres Zuhauses, eines Raums oder des Gartens stellen, wird dadurch das Reichtumsglück angezogen.

Wo: Platzieren Sie einen Wasserbrunnen im Südosten Ihres Arbeitszimmers, Wohnzimmers oder Gartens. Im Schlafzimmer sollten Sie jedoch keinen Wasserbrunnen aufstellen.

Süden – Anerkennung und Ruhm – Feuer

Heilmittel: Licht – elektrisches Licht, Kerzen oder Feuer

Warum: Licht, im gesamten Haus verwendet, steht für *Yang*-Energie, symbolisiert aber auch das Feuer.

Wo: Lichtquellen können im Südbereich des Hauses, eines Raums oder im Garten angebracht werden. Sie können von der Decke hängen, an der Wand befestigt sein oder auf einem Tisch stehen. Lampen im Südbereich sollten einen braunen oder grünen (Holz) oder roten (Feuer) Lampenfuß und Lampenschirm haben. Vermeiden Sie Blau (Wasser), da das Wasser im Zerstörungszyklus der Elemente das Feuer löscht.

SÜDEN – FEUER
SÜDWESTEN – ERDE
WESTEN – METALL
NORDWESTEN – METALL
NORDEN – WASSER
NORDOSTEN – ERDE
OSTEN – HOLZ
SÜDOSTEN – HOLZ
乾
巽
坎
艮
坤
震
離
兑

Südwesten – Ehe und Romantik – Starke Erde

Heilmittel: Symbolische, paarweise eingesetzte Objekte wie zwei Herzen sind Zeichen für doppelte Glückseligkeit bei den Chinesen oder auch ein Paar Kerzen. Wenn diese rot sind, ist es noch besser.

Warum: Die Farbe Rot steht für Leidenschaft und wird zudem mit dem Element Feuer in Verbindung gebracht, das im schöpferischen Elementezyklus die Erde nährt, das regierende Element für den Lebenswunsch nach Ehe und Romantik. Die Verwendung zweier gleicher Objekte symbolisiert ein glückliches Paar, wohingegen ein einzelnes Objekt für Single-Dasein oder Einsamkeit steht und drei oder mehr Objekte auf eine zu große Anzahl von Personen in der Beziehung, womöglich einen Seitensprung, hindeuten.

Wo: Stellen Sie idealerweise zwei rote Kerzen oder Herzen im Südwestbereich des Schlafzimmers auf, um den Lebenswunsch nach Ehe und Romantik zu stärken. Man kann diese Objekte auch im Südwestbereich des Wohnzimmers einsetzen.

Westen – Kinder – Metall

Heilmittel: Metallstatuen, Elektrogeräte – Fernseher und Stereoanlage

Warum: Fernseher und Stereoanlage repräsentieren das Element Metall, das mit Kindern in Verbindung gebracht wird. Die Verwendung von Metallobjekten im Westen Ihres Hauses erhöht die Chance, dass Ihre Kinder glücklich werden und fleißig lernen. Eine Stärkung dieses Bereichs ist auch gut, wenn Sie schwanger werden wollen.

Wo: Platzieren Sie Fernseher und Stereoanlage im Westbereich Ihres Wohnzimmers. Solche *Yang*-Elektrogeräte verursachen in allen anderen Räumen, vor allem im Schlafzimmer (einem Raum der Ruhe), negatives Feng Shui, da diese im Zerstörungszyklus der fünf Elemente übermäßig viel *Yang*-Energie produzieren.

Nordwesten – Mentoren und hilfreiche Freunde – Starkes Metall

Heilmittel: Hohle Metallwindspiele

Warum: Um einflussreiche Freunde und Mentoren anzuziehen, müssen Sie den Nordwestbereich Ihres Zuhauses aktivieren. Dieser Bereich steht für den Lebenswunsch nach Mentoren und hilfreichen Freunden und wird mit dem Element Metall assoziiert. Metallwindspiele haben einen schönen Klang, durch den das *Chi* steigen und durch das Haus zirkulieren kann.

Wo: Hängen Sie die Windspiele so, dass diese leicht vom Luftzug bewegt werden können. Platzieren Sie diese im Nordwesten, um hilfreiche Freunde und Mentorenglück anzuziehen, oder bringen Sie diese im nordwestlichen Bereich des Gartens, Arbeits- oder Wohnzimmers an.

Norden – Beruf – Wasser

Heilmittel: Aquarium oder anderes Wasserobjekt

Warum: Das regierende Element des Berufsbereichs ist das Wasser. Stärken Sie diesen Bereich, indem Sie ein Aquarium mit Goldfischen – entweder acht oder zwei goldene Fische und ein schwarzer Fisch – aufstellen und damit die symbolischen, Glück bringenden Zahlen berücksichtigen. Die Bewegung der Fische sorgt für reichlich *Chi* und ausgezeichnete Bedingungen, um Berufsglück anzuziehen.

Wo: Stellen Sie das Aquarium im nördlichen Bereich des Wohn- oder Arbeitszimmers auf, doch vermeiden Sie Wasser im Schlafzimmer. Nehmen Sie jedoch kein zu großes Aquarium, da zu viel Wasser Ihre Chancen im wahrsten Sinn des Wortes ertränkt.

Nordosten – Ausbildung & Wissen – Kleine Erde

Heilmittel: Kristalle – Naturquarzkristall, Amethyst oder ein handgemachter Briefbeschwerer aus Bleikristall

Warum: Der Lebenswunsch nach Ausbildung und Wissen, der mit dem Studierglück in Verbindung gebracht wird, wird vom Element Erde bestimmt. Wenn irgendjemand in Ihrem Haushalt lernt, können Sie Erdgegenstände, z. B. Kristalle im Nordwesten aufstellen. Dies wird das Element betonen und den Lernambitionen zugute kommen. Da Kristalle aus dem Erdinneren kommen, sind sie hervorragende Quellen für Erdglück.

Wo: Energetisieren Sie die Nordostecke des Arbeitsbereichs, um den Studenten und Schülern in Ihrer Familie Studierglück zu bringen. Der Schreibtisch sollte im Nordostbereich des Raums stehen und in der Nordostecke des Tischs sollte ein Kristall liegen.

Osten – Familie und Gesundheit – Holz

Heilmittel: Rundblättrige Pflanzen – insbesondere Geldpflanzen. Schnittblumen müssen immer frisch sein, da tote Blumen *Yin* sind.

Warum: Um die Gesundheit und Fitness aller Familienmitglieder zu erhalten, sollte der Lebenswunsch nach Familie und Gesundheit im Ostbereich eines Raums oder Hauses durch gesunde Pflanzen aktiviert werden, da Pflanzen Holz symbolisieren, das für diesen Lebenswunsch ausschlaggebende Element.

Wo: Stellen Sie eine Geldpflanze in den Ostbereich eines der zentralen Räume in Ihrem Zuhause, insbesondere in das Wohnzimmer.

Balance

der inneren Energie

Feng Shui beseitigt Energieblockaden im Haus und sorgt damit für den freien Fluss des *Chi*. Andere Naturheilmethoden nützen diese Theorie, um unser inneres Gleichgewicht zu beeinflussen und Krankheiten vorzubeugen. So bedienen sich die chinesische Kräutermedizin, Akupunktur, Akupressur und Shiatsu der *Yin/Yang*-Theorie, um den Energiefluss und das *Chi* im Körper zu regeln. *Tai Chi* ist eine sanfte Kampfsportart, die den freien Fluss des *Chi* durch kontrollierte Bewegungen, natürliche Atmung und mentale Absicht fördert. Auch eine makrobiotische – wenn möglich biologische – Ernährung trägt zur Balance zwischen *Yin* und *Yang* im Körper bei und nährt Körper und Seele.

◄ **Manchmal werden verschiedene Kräuter gemischt, um die richtige Kräutermedizin für einen Patienten zu finden.**

► **Der chinesische Kräuterpraktiker verschreibt unterschiedliche Kräutergetränke je nach Problem des jeweiligen Patienten.**

Chinesische Kräutermedizin

In der Geschichte der Menschheit wurden immer wieder neue medizinisch einsetzbare Nahrungsmittel entdeckt.

Die Chinesen zählten zu den Ersten, die die Wirkung solcher Naturheilmittel dokumentierten. Huangdi – der Gelbe Kaiser (2696 – 2598 v. Chr.) – soll die Kräutermedizin entdeckt und beschrieben haben.

Funktionsweise

Die chinesischen Kräuterheiler sehen den Körper als komplexes System aus Energiekanälen. Bei der Verschreibung von Medikamenten müssen vier wesentliche Faktoren berücksichtigt werden: Energie, Blut, Meridiane und innere Organe. *Chi* fließt entlang der zwölf Energiekanäle, der so genannten Meridiane, die mit den Organen verbunden sind und ein Kreislaufsystem rund um den Körper darstellen. Sechs davon gelten als *Yin*, die anderen sechs als *Yang*. Die inneren Organe werden zudem von den fünf Elementen und der Harmonie der fünf Gefühle (Ärger, Freude, Schwermut, Trauer und Angst) beeinflusst. Für das Funktionieren des Körpers muss ein Gleichgewicht der Gefühle sichergestellt werden. Ein chinesischer Kräuterpraktiker wird zudem bestimmen wollen, ob eine Krankheit „heiß" oder „kalt", „nass" oder „trocken" ist, da dies über die zur Behandlung nötigen Kräuter entscheidet.

Besuch eines Heilpraktikers

Beim Besuch eines chinesischen Kräuterheilers werden vier Untersuchungen namens *Si Jian* durchgeführt. Damit werden Lebensstil, Ernährung, körperliche Aktivität und Schmerz erfasst. Danach untersucht der Heilpraktiker Gesichtsfarbe, Körpertyp, Zunge, mentalen Zustand und Ausdruck. Dann hört er sich den Atem, Husten und die Stimme an und stellt den Geruch fest. Zuletzt nimmt er drei Pulswerte pro Handgelenk, um die Funktionsweise der Hauptorgane zu untersuchen und den Fluss des *Chi* zu testen.

Nach der Diagnose entscheidet der Praktiker über die jeweilige Kräutertherapie. Zumeist werden die Mischungen mit Suppe oder Tee eingenommen. Die chinesische Kräutermedizin soll zur Behandlung von Arthritis, Asthma, Depression, Diabetes und Ekzemen dienen.

Akupunktur

Akupunktur, übersetzt „Nadelstiche", ist eine alte Heilmethode, die seit kurzem auch im Westen sehr beliebt ist. Sie ist Teil der Traditionellen Chinesischen Medizin (TCM), die auch die chinesische Kräutermedizin, Massage und Übungen etwa durch *Tai Chi* umfasst.

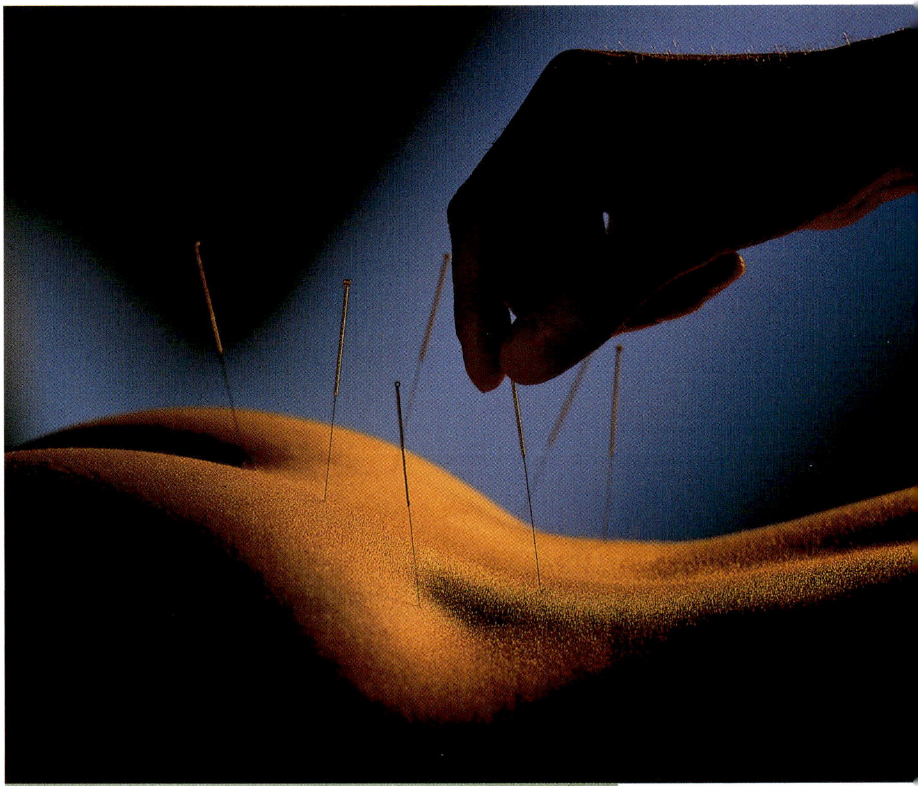

Funktionsweise

So wie Feng Shui-Techniken den Energiefluss im Haus manipulieren, bewirkt Akupunktur das Gleiche im Körper. Dünne Nadeln werden an bestimmten Punkten zur Stimulation des Energieflusses und zum Lösen von Blockaden eingeführt, die für gesundheitliche Probleme verantwortlich sein könnten. Für die Chinesen ist ein Gleichgewicht zwischen *Yin* und *Yang* für das Wohlbefinden notwendig. In der Akupunktur werden Nadeln an Punkten entlang der zwölf Körpermeridiane (Energielinien) eingeführt, die mit den wichtigsten Organen verbunden sein sollen. Sechs Meridiane sind *Yin*, sechs *Yang*.

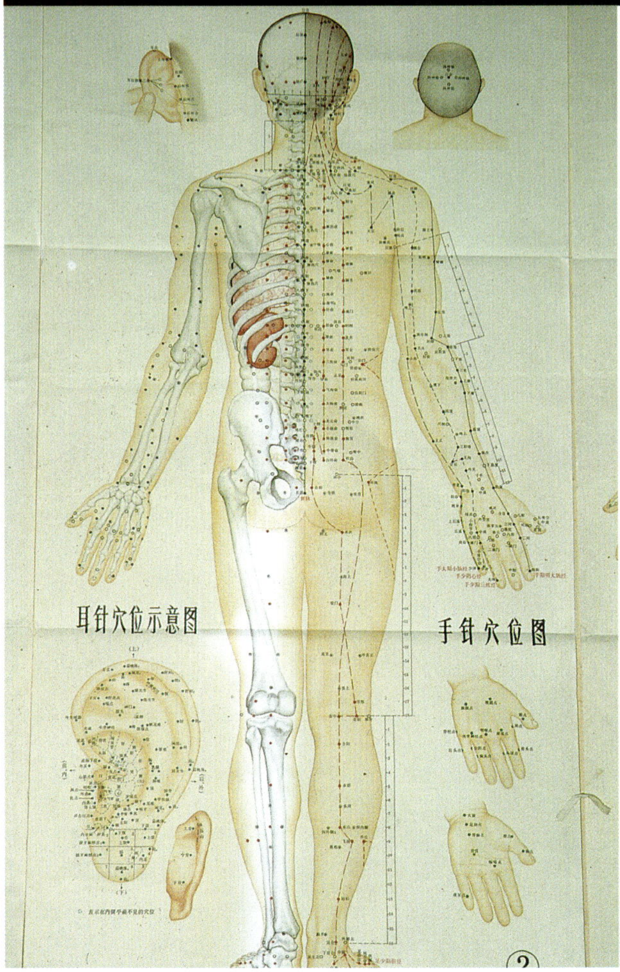

◄ **In der Akupunktur weisen die zwölf Meridiane viele verschiedene Punkte auf, die mit unterschiedlichen Organen verbunden sind. Nach der Diagnose führt der Akupunkteur Nadeln an den gewählten Punkten ein, um damit die entsprechenden Organe zu behandeln.**

Besuch eines Praktikers

Eine Untersuchung durch einen Akupunkteur ähnelt der durch einen chinesischen Kräuterheiler. Man beantwortet Fragen zu Lebensstil, Ernährung und Krankengeschichte sowie über Verdauung, Durchblutung und Gefühle . Die Zunge wird genau untersucht, und es werden drei Pulswerte pro Handgelenk gemessen, wobei bis zu 28 Pulseigenschaften in Bezug auf ein Organ oder eine Funktion untersucht werden. Zur Behandlung werden ein bis zwei, meistens aber vier bis acht Nadeln gesetzt. Akupunktur kann Arthritis, Rückenschmerzen, Stress und Depressionen lindern.

◄
Bei einer Akupunkturbehandlung werden sterilisierte 12–24 mm lange Nadeln an unterschiedlichen Punkten des Körpers eingeführt, um den Fluss des *Chi* zu stimulieren und die Blockaden zu lösen, die das Wohlbefinden des Patienten beeinträchtigen.

Shiatsu

Shiatsu basiert auf denselben Prinzipien wie andere traditionelle chinesische Heilmethoden. Dazu gehört das Verständnis von *Yin* und *Yang* (siehe Seiten 16–17), der fünf Elemente (siehe Seiten 30–41) und der Funktionsweise der *Chi*-Energie und der orientalischen Diagnose. Shiatsu vereint dieses Wissen mit einer praktischen und intuitiven Form der Massage, die in den letzten Jahren immer beliebter geworden ist.

Funktionsweise

Durch Shiatsu wird das Gleichgewicht des *Chi* wieder hergestellt. Ein geübter Shiatsu-Praktiker kann feststellen, wie man bei einem Patienten während einer Shiatsu-Behandlung Harmonie und Wohlbefinden wieder herstellen kann.

Besuch eines Praktikers

Ein Shiatsu-Praktiker hat ebenso wie ein Akupunkteur gelernt, die Ursachen für das Ungleichgewicht des *Chi* zu erkennen, etwa emotionale Probleme oder Stress. Durch die Befragung des Patienten und die orientalische Diagnose findet der Praktiker heraus, welche Bereiche und Organe behandelt werden müssen.

Eine Shiatsu-Behandlung dauert etwa eine Stunde, wobei der Patient bekleidet auf einem Futon liegt. Nach dem Dehnen der Glieder übt der Praktiker Daumendruck auf die jeweiligen Punkte aus. Shiatsu lindert Stress und stärkt das Immunsystem.

▼
Bei der Shiatsu-Behandlung drückt der Praktiker bestimmte Punkte auf dem normalerweise voll bekleideten Körper des Patienten. Besondere Aufmerksamkeit gilt dem unteren Bauch, dem Energiezentrum des Körpers. Hier fördert ein Spannungsabbau den Fluss des *Chi* zu Armen, Beinen, Kopf und Hals.

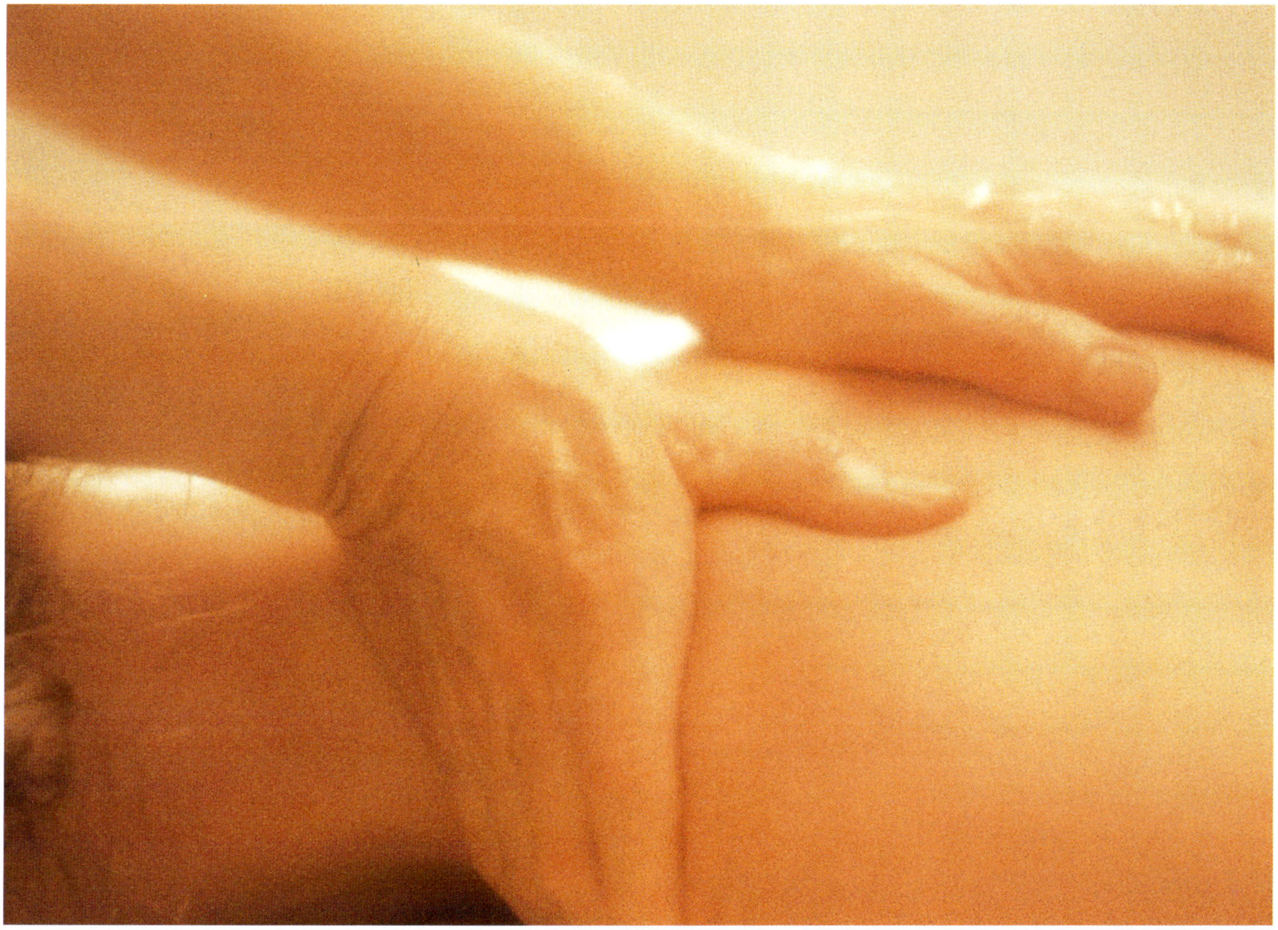

Akupressur

Die Menschen drücken instinktiv auf bestimmte Körperteile, wenn sie Schmerzen haben. Dank der einfachen Anwendbarkeit der Akupressur liegt der Heilungsprozess damit in unserer Hand.

Funktionsweise

Akupressur basiert ebenso wie die Akupunktur auf dem Prinzip, dass *Chi*-Energie durch den Körper fließt. Diese durchströmt 14 Meridiane mit 379 Akupunkturpunkten, die energetisch mit der Funktion bestimmter innerer Organe verbunden sind. Eine Blockade des *Chi* bedeutet Stagnation.

Akupressur ist eine einfache Technik, die man zur Selbstbehandlung aus Büchern lernen kann. Beim Drücken der Punkte muss ausgeatmet werden. Drücken Sie, bis Sie einen kleinen Widerstand spüren. Halten Sie den Druck ein bis zwei Sekunden und atmen Sie ein, und wiederholen Sie dies fünf- bis sechsmal.

Tai Chi Chuan

Dieser sanfte Kampfsport basiert ebenso wie die chinesische Kräutermedizin, Akupunktur und Feng Shui auf der Theorie der fünf Elemente und dem Glauben an das *Chi*. Das *Tai Chi*-Symbol ist eine visuelle Darstellung von *Yin* und *Yang*, den entgegengesetzten, interagierenden Kräften.

Begründet hat *Tai Chi*, so meint man, ein taoistischer Mönch namens *Chang San-Feng*. Da die Mönche viele Stunden lang mit Sitzen und Meditieren verbrachten, brauchten sie eine besondere Art der Betätigung, um die Gelenke zu lockern und den Energiefluss im Körper zu bewahren. Und die als friedliebend und gewaltlos geltenden Mönche waren oft Opfer von Banditen, und so meinte man, dass diese sich selbst verteidigen können sollten, ohne offensichtlich Gewalt oder Aggression zu zeigen.

Funktionsweise

In der einfachsten Form ist *Tai Chi* eine Gesundheitsübung. Dabei handelt es sich jedoch nicht um Sport im eigentlichen Sinn. Die Traditionelle Chinesische Medizin (TCM) geht davon aus, dass der Körper von Meridianen durchzogen ist, die die *Chi*-Energie transportieren. *Tai Chi Chuan* fördert den freien Fluss dieser Energie durch bestimmte kontrollierte Bewegungen in Kombination mit entspannter, natürlicher Atmung und der Anwendung von *Yi*, der Absicht des Geistes. Durch eine vorgegebene Reihe an *Tai Chi*-Übungen wird der freie Fluss des *Chi* in allen Kanälen oder Meridianen des Körpers angeregt.

Doch *Tai Chi* fördert nicht nur den Fluss des *Chi*, sondern auch die Flexibilität und Geschmeidigkeit der Gelenke und die Kräftigung der verschiedenen Muskelgruppen. Die sanften, gleichförmigen Bewegungen dienen zudem der Entspannung und ermöglichen damit Ruhe und Konzentration. Diese Wirkung gewinnt in unserer hektischen und stressreichen Gesellschaft zunehmend an Bedeutung.

◄
Akupressur ist eine einfache Technik zur Selbstbehandlung. Mit Daumen und Fingern werden dabei verschiedene Punkte am ganzen Körper stimuliert.

▼
***Tai Chi* ist ein sanfter Kampfsport, der kontrollierte Bewegungen, entspannte Atmung und die Absicht des Geistes vereint.**

►
Frisches, heimisches Obst der Saison, wie etwa Äpfel, sollte 5 % Ihrer täglichen makrobiotischen Ernährung ausmachen. Kaufen Sie nach Möglichkeit Lebensmittel aus biologischem Anbau.

Inneres Feng Shui

Feng Shui-Techniken können die Harmonie in Ihrer Umgebung fördern, doch muss man auch das Gleichgewicht von *Yin* und *Yang* im Körper sicherstellen.

Die makrobiotische Vollwertküche entstand vor rund 100 Jahren in Japan. Diese fördert ein Leben in Harmonie mit der Umwelt, indem man heimische Produkte der Saison und eine ausgewogene Mischung aus *Yin*- und *Yang*-Nahrungsmitteln isst, Aktivität und Ruhe kombiniert und sich Zeit zum Meditieren nimmt.

Die ideale Ernährung

Zum Wiedererlangen Ihres inneren Wohlbefindens essen Sie einen Monat lang täglich folgende makrobiotische Kost:

- Bis zu 50 % gekochte Vollkornzerealien wie braunen Reis oder Hirse
- Bis zu 25 % heimisches und saisonales Gemüse – halb Wurzeln, halb Grünes
- 10–15 % Protein, etwa Hering, Sardinen, Dorsch, Seezunge, gut gekochte Bohnen, Kichererbsen und Sojaprodukte
- Eine Tasse *Miso*suppe (ein Gericht aus Seetang, Gemüse und *Miso*)
- 5 % frisches, heimisches Obst
- Quellwasser, frischen Karotten- und Apfelsaft und zerealienbasierte Kaffees

H A R M

zu Hause durch Feng Shui

ONIE

Unser Zuhause ist für uns der sichere Hafen, in den wir uns vom Stress der Außenwelt zurückziehen können. Daher sollte es ein ruhiger, angenehmer Ort sein, an dem die Energie (*Chi*) frei und ungehindert durch alle Räume fließen kann. Mit Feng Shui und den entsprechenden Einrichtungsgrundsätzen – von der Möbelplatzierung bis zu Farben, Beleuchtung und Stoffen – können Sie perfekte Harmonie in allen Wohnbereichen schaffen.

Wie sorgt man für Feng Shui zu Hause?

Feng Shui betrifft jeden Aspekt Ihres Lebens, und die Anwendung in Ihrem Zuhause kann sich positiv oder negativ auf Ihr Leben und Ihre Umgebung auswirken.

Im Westen ist Feng Shui nicht als Wissenschaft anerkannt, da die ihr zu Grunde liegenden Prinzipien noch nicht wissenschaftlich erhärtet werden können. Es ist keine Religion, obwohl Befürworter dies vielleicht als Teil ihrer religiösen Praxis ansehen. Es ist mehr als nur eine Philosophie, denn es umfasst auch praktische Werkzeuge und Techniken. Es ist auch keine Glaubenssache – denn würde man jemand fragen, ob er an Feng Shui glaubt, wäre das so, als ob man fragen würde, ob er an das Wetter glaubt – sondern eine Tatsache.

Feng Shui basiert auf dem Prinzip eines Lebens in Harmonie mit der Umgebung, um von der umgebenden Energie unterstützt und nicht behindert zu werden. Durch die Nutzung der positiven Kräfte des *Chi*, die Stärkung unterschiedlicher Bereiche und das Anbringen von Heilmitteln gegen die negativen Kräfte erzeugt man eine positive, ausgeglichene Atmosphäre. Das funktioniert, egal ob Sie alleine, mit einem Partner oder mit Ihrer Familie leben.

▲ **Durch die Anwendung der Feng Shui-Methoden in Ihrem Zuhause können Sie den Energiefluss verbessern – das kommt allen Bewohnern zugute.**

Die acht Lebenswünsche

Ein Prinzip des Feng Shui befasst sich mit den acht Lebenswünschen. Jeder davon entspricht einer Himmelsrichtung auf dem Kompass: Reichtum und Wohlstand – Südosten, Anerkennung und Ruhm – Süden, Ehe und Romantik – Südwesten, Kinder – Westen, Mentoren und hilfreiche Freunde – Nordwesten, Beruf – Norden, Wissen und Ausbildung – Nordosten, Familie und Gesundheit – Osten (weitere Informationen zu den Lebenswünschen siehe Seiten 42–57).

Jeder Lebenswunsch entspricht einer der acht Richtungen auf dem *Pa Kua* (siehe Seiten 26–29), das eines der wichtigsten Feng Shui-Werkzeuge darstellt. Sobald Sie den *Pa Kua*-Raster über einen Plan Ihres Zuhauses gelegt und die einzelnen Lebenswunschbereiche identifiziert haben, können Sie diese mithilfe verschiedener Heilmittel und Verbesserungen aktivieren (siehe Seiten 60–63). Dadurch wird der positive Fluss des *Chi* stimuliert und gutes Feng Shui für Sie erzeugt.

Verwandte Themen

Feng Shui oder etwas Ähnliches wird in China, Hongkong, Taiwan, Singapur, Malaysia und in chinesischsprachigen Gemeinschaften in aller Welt praktiziert. Ähnliche Praktiken findet man auch in Tibet, Vietnam (*Phong Thuy*), den Philippinen, Indonesien, Bali, Thailand (*Hong Sui*), Japan, Hawaii und Indien (*Vaastu Shastra*).

Umweltstrahlung

Beim Umsetzen von Feng Shui-Maßnahmen und der Auseinandersetzung mit der *Chi*-Energie muss man auch die natürliche und künstliche elektromagnetische Energie berücksichtigen, die sich auf die Gesundheit der Betroffenen auswirken kann. Eine instabile oder gestörte, natürlich auftretende elektromagnetische Strahlung aus der Erde kann schädlich sein und so genannten geopathischen Stress verursachen.

Elektromagnetische Fehler können auch die Folge von Elektrogeräten wie Computern oder Fernsehern sein, die man so gering wie möglich halten sollte.

Dowsing

Diese Technik verstärkt das Verständnis und die Effizienz von Feng Shui. Man kann damit *Chi* und Erdenergie feststellen und die Auswahl der richtigen Heilmittel beeinflussen.

Baubiologie

Diese deutsche Theorie befasst sich mit der Wirkung der so genannten „schwarzen Ströme", die Krankheiten verursachen sollen, wenn man in deren Nähe arbeitet oder schläft.

▲ **Feng Shui in Ihrem Zuhause wird allen Familienmitgliedern zugute kommen.**

◄ **Durch eine Verbesserung der Reichtumsecke Ihres Zuhauses können Sie Ihre Karrierechancen und Ihren Reichtum steigern.**

► **Eine wichtige Verbesserungsmaßnahme im Feng Shui ist das Aufhängen von Bleikristallen.**

Schulen des Feng Shui

Feng Shui gibt es seit tausenden von Jahren. Die erste Blütezeit erlebte es im vierten Jahrhundert v. Chr. Über die Jahrhunderte entwickelten sich verschiedene Feng Shui-Schulen, die an das Thema leicht unterschiedlich herangehen, wenngleich die grundlegenden Prinzipien bei allen Schulen identisch sind. Nachfolgend eine kurze Einführung in die wichtigsten Feng Shui-Schulen.

Formschule

Diese Schule konzentriert sich auf die Umgebung und die Konturen der Landschaft, deren Formen, Größe und Wasserverlauf, sowie auf die Beziehung zwischen den physischen Gegebenheiten und einem Wohnhaus. Die vier Richtungen des Kompasses werden durch vier Tiere versinnbildlicht. Der Osten entspricht dem grünen Drachen, der Westen dem weißen Tiger, der Süden dem roten Phönix und der Norden der schwarzen Schildkröte. Eingebettet zwischen diesen findet man oft den günstigsten Standort für ein Haus oder Dorf. Die Formschule thematisiert zudem die geradlinige Ausrichtung, die unerwünschte „Giftpfeile" in Form des *Sha Chi* hervorbringt.

Traditionelle chinesische Kompassschule

Die Kompassschule verwendet die acht Trigramme des *I Ching*, des achtseitigen *Pa Kua*-Symbols, und das magische Rechteck *Lo Shu* (mit dem man das Heim oder Büro in neun Sektoren einteilt). Mit diesen Werkzeugen kann die Feng Shui-Qualität von Standorten sowie das aus unterschiedlichen Richtungen kommende *Chi* bestimmt werden.

Diese Art des Feng Shui wurde vor mehr als 3.000 Jahren in China begründet, erstmals erwähnt wurde diese 220 v. Chr. Sie basiert auf einem jahrtausendealten wissenschaftlichen, formularischen Ansatz. Der Berufssektor der acht Trigramme muss dabei üblicherweise im magnetischen Norden liegen.

Black Hat Sect (BHS)-Feng Shui

Beim Black Hat Sect (BHS)-Feng Shui oder „Black Hat Sect Tantric Buddhist"-Feng Shui handelt es sich um eine

◄ **Je nach praktizierter Schule des Feng Shui ist die Ausrichtung des Wohnzimmers unterschiedlich. Die Kompassschule leitet alles von der Eingangstür ab, wohingegen die Black Hat-Schule meint, dass die Eingangstür immer gegenüber dem Berufsbereich liegt.**

►
Feng Shui ist auch auf den Garten anwendbar. Die entsprechenden Bereiche des Gartens können durch den Einsatz von Metallobjekten oder -statuen gefördert werden.

◄
Rauch spricht die Sinne an, schafft ein angenehmes Aroma im Wohnraum und hebt das Energieniveau.

jüngere Entwicklung, die vor allem in den USA weit verbreitet ist. Sie wurde vor 15 Jahren in den USA durch Thomas Lin Yun begründet. Es handelt sich dabei um eine Mischung aus tibetanischem Buddhismus, Taoismus und Feng Shui, die für den westlichen Geschmack vereinfacht wurde. Insbesondere in den USA hat diese Schule eine große Anhängerschaft.

Statt dem traditionellen magnetischen Kompass oder *Lo Pan* zur Bestimmung der Himmelsrichtungen wird hier jedes Haus oder Zimmer von der Tür her betrachtet.

Laut BHS-Feng Shui liegt der Haupteingang zu jedem Raum gegenüber dem Berufssektor. Dadurch können nebeneinander liegende Räume oder Häuser scheinbar widersprüchliche Richtungen haben.

Diese Art des Feng Shui ist in den USA seit 1986 beliebt. Sie basiert auf einem spirituellen Ansatz. Die acht Trigramme auf dem *Pa Kua* werden umgangssprachlich als *Bagua* bezeichnet.

Intuitives Feng Shui

Das „intuitive Feng Shui" ist in aller Munde. Doch Feng Shui mit seinen eigenen Regeln ist nicht intuitiver als die Geografie oder Physik. Einzelne Praktiker sind vielleicht besonders empfänglich, doch müssen Feng Shui-Maßnahmen auf den etablierten Regeln und nicht nur auf dem Gefühl des Praktikers beruhen.

Persönliche Richtungen

Vor der Anwendung des Feng Shui in Ihrem Zuhause sollten Sie sich mit den für Sie als Individuum Glück bringenden Richtungen befassen. Dazu müssen Sie Ihre persönliche *Kua*-Zahl herausfinden.

Ihre *Kua*-Zahl bestimmt Ihre besten Richtungen, die vier möglichen Richtungen, in die Sie bei den grundlegendsten Tätigkeiten blicken sollten – beim Schlafen sollte Ihr Kopf etwa in Ihre Glück bringendste Richtung (oder *Sheng Chi*) weisen. Die acht Bereiche der Lebenswünsche sind immer gleich (siehe Seiten 26–29) und nicht von Ihrer *Kua*-Zahl abhängig, doch Ihr Stuhl und Ihr Bett sollten in eine Ihrer persönlichen Glücksrichtungen zeigen.

Berechnung Ihrer *Kua*-Zahl und Ihrer besten Richtungen

Zum Eruieren Ihrer besten Richtungen (zum Schlafen, Lernen und Essen) müssen Sie zunächst wie folgt Ihre *Kua*-Zahl berechnen:

1 Wenn Sie zwischen dem 1. Januar und dem 20. Februar geboren wurden, müssen Sie in der gegenüber abgebildeten Tabelle feststellen, auf welches Datum das chinesische Neujahr in Ihrem Geburtsjahr fiel. Wenn Sie nach dem 20. Februar geboren wurden, setzen Sie bei Schritt 2 fort. Wenn Sie vor dem chinesischen Neujahr geboren wurden, müssen Sie 1 von Ihrem Geburtsjahr abziehen. Bei einem Geburtsdatum vom 6. Februar 1964 (als das chinesische Neujahr auf den 13. Februar fiel) wäre 1963 als Geburtsjahr zu verwenden.

2 Nehmen Sie die letzten beiden Stellen Ihres Geburtsjahres und addieren Sie diese. Wenn Sie etwa 1974 geboren wurden, addieren Sie 7 und 4. Wenn das Ergebnis größer als 9 ist, addieren Sie die Ziffern noch einmal. In diesem Fall war 7 + 4 = 11 und 1 + 1 = 2.

3 Als Mann subtrahieren Sie dieses Ergebnis von 10, z. B. 10 – 2 = 8 . Als Frau addieren Sie 5 zu der in Schritt 2 berechneten Zahl, z. B. 2 + 5 = 7.

4 Wenn das Ergebnis größer als 9 ist, addieren Sie die Ziffern noch einmal.

5 Wenn die Antwort 5 ist und Sie ein Mann sind, verwenden Sie *Kua*-Zahl 2. Wenn Sie eine Frau sind und die Antwort 5 ist, verwenden Sie *Kua*-Zahl 8.

6 Das Ergebnis ist Ihre Kua-Zahl. Mit dieser Zahl können Sie nun Ihre beste Richtung oder *Sheng Chi* herausfinden.

Beste Richtung gemäß *Kua*

1	Südosten
2	Nordosten
3	Süden
4	Norden
6	Westen
7	Nordwesten
8	Südwesten
9	Osten

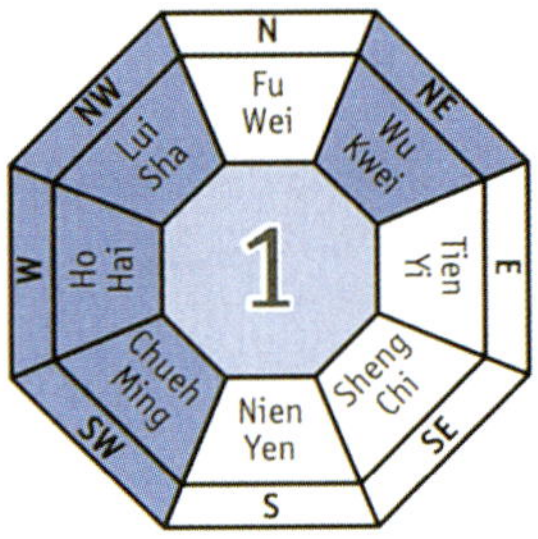

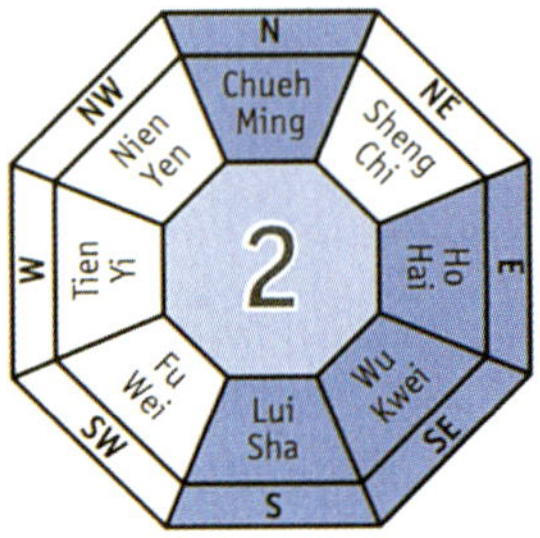

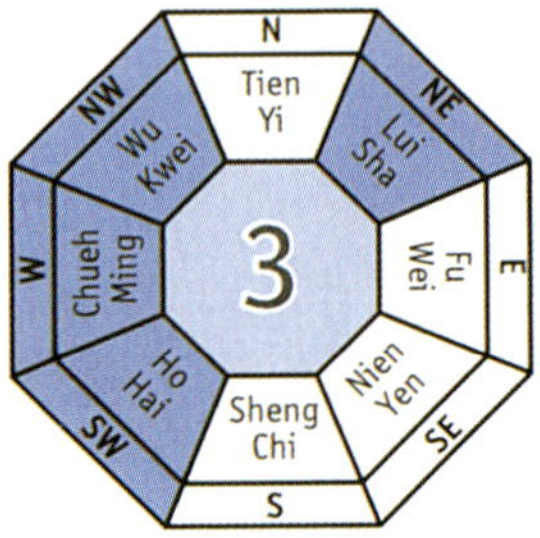

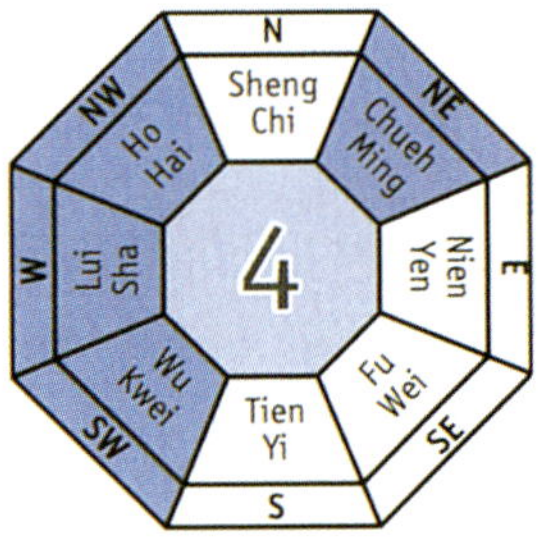

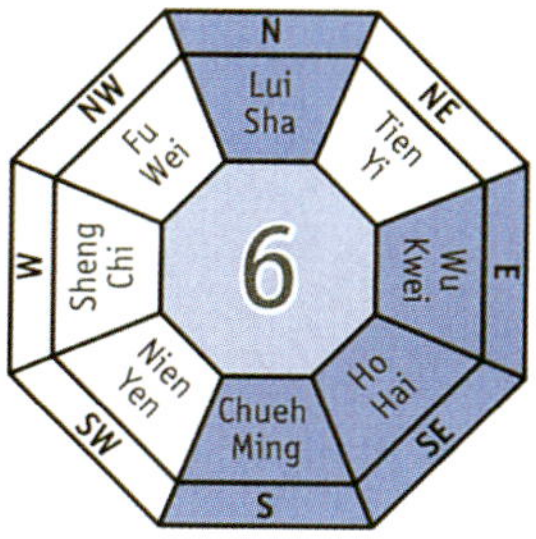

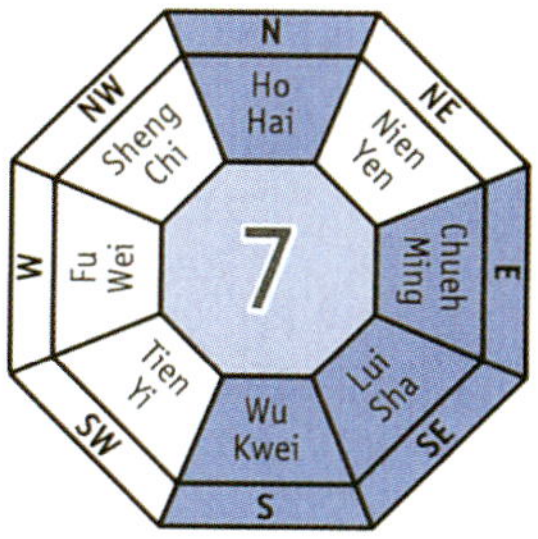

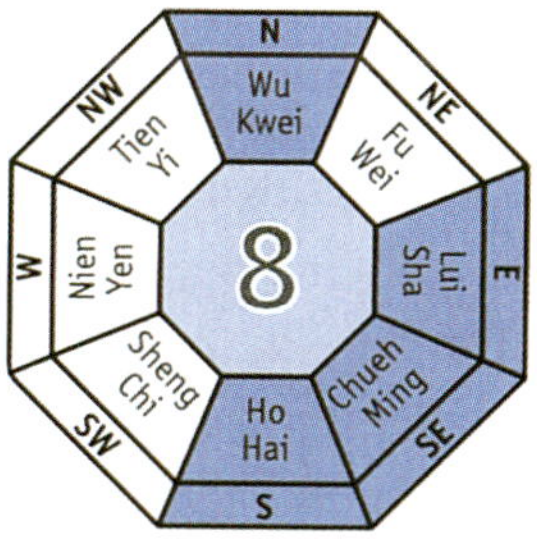

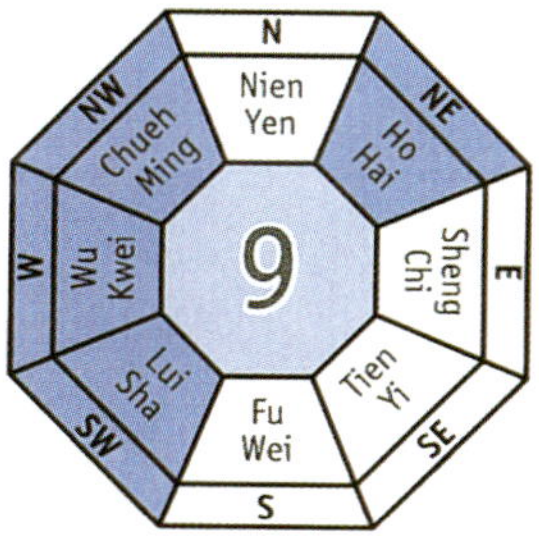

Chinesisches (Mond)-Neujahr Kalender 1924–2005

Jahr	Chin. Jahresbeginn am	Jahr	Chin. Jahresbeginn am
1924	5. Feb.	1965	2. Feb.
1925	24. Jan.	1966	21. Jan.
1926	13. Feb.	1967	9. Feb.
1927	2. Feb.	1968	30. Jan.
1928	23. Jan.	1969	17. Feb.
1929	10. Feb.	1970	6. Feb.
1930	30. Jan.	1971	27. Jan.
1931	17. Feb.	1972	15. Feb.
1932	6. Feb.	1973	3. Feb.
1933	26. Jan.	1974	23. Jan.
1934	14. Feb.	1975	11. Feb.
1935	4. Feb.	1976	31. Jan.
1936	24. Jan.	1977	18. Feb.
1937	11. Feb.	1978	7. Feb.
1938	31. Jan.	1979	28. Jan.
1939	19. Feb.	1980	16. Feb.
1940	8. Feb.	1981	5. Feb.
1941	27. Jan.	1982	25. Jan.
1942	15. Feb.	1983	13. Feb.
1943	5. Feb.	1984	2. Feb.
1944	25. Jan.	1985	20. Feb.
1945	13. Feb.	1986	9. Feb.
1946	2. Feb.	1987	29. Jan.
1947	22. Jan.	1988	17. Feb.
1948	10. Feb.	1989	6. Feb.
1949	29. Jan.	1990	27. Jan.
1950	17. Feb.	1991	15. Feb.
1951	6. Feb.	1992	4. Feb.
1952	27. Jan.	1993	23. Jan.
1953	14. Feb.	1994	10. Feb.
1954	3. Feb.	1995	31. Jan.
1955	24. Jan.	1996	19. Feb.
1956	12. Feb.	1997	7. Feb.
1957	31. Jan.	1998	28. Jan.
1958	18. Feb.	1999	16. Feb.
1959	8. Feb.	2000	5. Feb.
1960	28. Jan.	2001	24. Jan.
1961	15. Feb.	2002	12. Feb.
1962	5. Feb.	2003	1. Feb.
1963	25. Jan.	2004	21. Jan.
1964	13. Feb.	2005	9. Feb.

Schritt für Schritt

In diesem praktischen Teil erfahren Sie, wie Sie die Prinzipien des Feng Shui zur Verbesserung Ihres Zuhauses und Ihres Lebens einsetzen können. Benützen Sie dieses Kapitel bei der Umsetzung der Feng Shui-Maßnahmen als Checkliste.

SCHRITT 1

Gehen Sie zur Eingangstür und blicken Sie hinaus. Sehen Sie irgendwelche großen Dinge oder Objekte, die auf Sie zeigen und damit so genannte „Giftpfeile" auf Sie richten? Dabei kann es sich um die Satellitenantenne Ihres Nachbarn, eine Reihe von Telegrafenmasten auf der Straße, einen Kirchturm oder eine lange, gerade Straße, die zu Ihrem Eingangstor führt, handeln. Wenn Sie solche auf Ihr Haus gerichtete Giftpfeile entdecken, sollten Sie deren schädlichen Einfluss duch einen achtseitigen *Pa Kua*-Spiegel über der Eingangstür abwenden. Achten Sie darauf, wohin dieser Spiegel reflektiert, um diese Energie nicht auf Ihre Nachbarn zu lenken. Im Haus selbst sollten Sie niemals *Pa Kua*-Spiegel verwenden.

SCHRITT 2

Wiederholen Sie Schritt 1 beim Hintereingang und allen wichtigen Fenstern.

SCHRITT 3

Stellen Sie sich mit einem Kompass zur Eingangstür und bestimmen Sie die Richtung, in die Ihr Haus zeigt. Sie können dazu einen gewöhnlichen Orientierungskompass oder aber einen chinesischen *Lo Pan* verwenden, doch auf jeden Fall muss die nach Norden gerichtete Nadel mit dem Norden der Kompasskarte übereinstimmen. (Wenn Sie keinen Kompass haben, können Sie die Richtung eventuell auch aus einem Stadtplan oder einer Landkarte ablesen.) Notieren Sie die Richtung, um diese später Ihrer persönlichen besten Richtung gegenüberzustellen.

SCHRITT 4

Werfen Sie einen Blick auf den Eingang, um sicherzustellen, dass nichts das problemlose Eindringen des *Chi* durch die Eingangstür oder dessen freien Fluss in der Diele blockiert. Plunder und andere Hindernisse vor oder im Eingang sollten Sie sofort entfernen. Der Weg vom Tor zu Ihrer Eingangstür sollte nach Möglichkeit geschwungen sein, um das *Chi* schlängeln zu lassen.

SCHRITT 5

Zeichnen Sie den Grundriss Ihres Zuhauses und legen Sie den *Pa Kua*-Raster darüber, um die Kompasspunkte aufeinander auszurichten (siehe Seiten 26–29).

SCHRITT 6

Legen Sie fest, welche der acht auf dem *Pa Kua* aufgelisteten Lebenswünsche Sie aktivieren möchten. Wenn Sie etwa den Reichtumssektor energetisieren wollen, der im Südosten liegt, sehen Sie auf dem *Pa Kua*, dass das mit dem Südosten verbundene Element das Holz ist. Stellen Sie zum Stimulieren dieses Bereichs also Holz (d. h. Pflanzen) in diesen Bereich. Sie können diese Ecke aber auch mit Wasser aktivieren, da das Wasser im Schöpfungszyklus der Elemente Holz hervorbringt (siehe Seiten 30–31). Versuchen Sie nicht, zu viele Sektoren gleichzeitig zu aktivieren, da Sie von all den daraus resultierenden Chancen schon bald überwältigt werden könnten.

SCHRITT 7

Wenn Ihr Zuhause keine rechteckige Form aufweist, überprüfen Sie den Grundriss auf allfällige fehlende Ecken. Damit meinen wir Bereiche auf dem *Pa Kua,* denen kein Raum oder Bereich zuzuordnen ist. Dies ist etwa bei einem L-förmigen Grundriss der Fall. Wenn Ihnen der mit diesem Fehlbereich verbundene Lebenswunsch wichtig ist, sollten Sie den fehlenden Bereich durch den Einsatz von Spiegeln „herbeizaubern". Hohe Spiegel an der Wand nebeneinander gelegener Räume füllen diesen Fehlbereich scheinbar.

SCHRITT 8

Werfen Sie einen Blick auf Ihre Küche. Bei der Zubereitung des Essens sollte niemand mit dem Rücken zur Tür stehen. Sollte dies der Fall sein, ändern Sie die Kücheneinrichtung so, dass die Tür beim Kochen im Blickfeld ist. Überprüfen Sie, ob ein Konflikt der Elemente Feuer und Wasser vorliegt. Das heißt, dass der Herd (Feuer) nicht direkt gegenüber der Spüle oder des Kühlschranks (Wasser) stehen darf. Falls doch, sollten die Geräte anders positioniert werden. Zu guter Letzt überprüfen Sie die Richtung des „Munds" Ihres Herds, der Kochstelle oder des Ofens – die Quelle der Gas- oder Stromversorgung. Diese sollte idealerweise in eine Ihrer besten Richtungen zeigen (siehe Schritt 13).

►
Nach dem Vermessen Ihres Hauses mit einem Kompass und dem *Pa Kua*-Raster können Sie festlegen, welche Bereiche Sie aktivieren wollen. Ihr Wohnzimmer liegt vielleicht im Süden, dem Bereich von Ruhm und Anerkennung.

◄
Die Diele sollte immer ordentlich aufgeräumt sein, damit das *Chi* zur Tür hereinkommen und sich in allen Räumen des Hauses ausbreiten kann.

▲
Die Küche ist ein wichtiger Platz im Haus, da hier alle Familienmitglieder genährt werden.

SCHRITT 9

Überprüfen Sie Wohn- und Esszimmer. Nach Möglichkeit sollten Spiegel das Essen auf dem Tisch reflektieren, um Ihren Reichtum symbolisch zu verdoppeln.

SCHRITT 10

Überprüfen Sie das Schlafzimmer. Über dem Bett sollte sich nichts befinden, das Sie unbewusst bedroht – etwa ein Schranksystem oder schwere Bilder. Wenn Sie im Bett sitzen, sollten Sie sich selbst in keinem Spiegel sehen können. Wenn dies der Fall ist, entfernen Sie den Spiegel, bedecken Sie ihn oder drehen Sie ihn weg vom Bett. Das Kopfteil des Betts sollte fest sein, und das Bett sollte nicht unter einem Fenster stehen.

SCHRITT 11

Nehmen Sie sich nun WC und Badezimmer vor. Dies ist wichtig, da in diesen Räumlichkeiten Wasser das Haus verlässt. Stellen Sie fest, ob hier einer der acht Sektoren des *Pa Kua* liegt, der Ihnen wichtig ist; eine Toilette im Südwestbereich etwa wird Ihre Beziehungen beeinflussen. Der Grund dafür ist, dass in diesen Räumen Wasser weggespült und dabei auch das günstige *Chi* entfernt wird. Wenn Ihr WC oder Badezimmer etwa im Westen liegt, wird das Glück Ihrer Kinder fortgespült. Das kann kritisch sein, wenn Ihre Kinder gerade ein schwieriges Jahr gehabt haben, kann aber auch unbedeutend sein, wenn Sie keine Kinder haben. Wenn diese Nassräume in einem für Sie wichtigen Sektor liegen, halten Sie die Türen nach Möglichkeit geschlossen, klappen Sie die Klobrille nach unten, oder aber bedecken Sie die Tür zu einem Nassraum über die gesamte Länge mit einem Spiegel, um den Raum symbolisch verschwinden zu lassen.

SCHRITT 12

Wenden Sie gegebenenfalls das *Pa Kua* mithilfe eines Kompasses auch auf den Grundriss Ihres Gartens an. Die Wege durch den Garten sollten nicht pfeilgerade zu den Türen verlaufen, da dies negatives *Sha Chi* verursachen kann. Wenn Sie schon etwas fortgeschrittener im Feng Shui sind, können Sie auch einen Teich oder Wasserdrachen anbringen, wobei hier die korrekte Position extrem wichtig ist. Nun, da Sie Haus und Garten entsprechend verändert haben, sollten Sie sich Ihren persönlichen Richtungen zuwenden. Diese sind besonders wichtig für Sie und sollten die Platzierung aller Möbelstücke in allen Räumen des Hauses beeinflussen.

SCHRITT 13

Berechnen Sie Ihre *Kua*-Zahl wie auf Seiten 76–77 detailliert beschrieben. Notieren Sie dann Ihre persönliche beste Richtung (*Sheng Chi*) und auch die anderen drei besten Richtungen – für Gesundheit, Familie und Wohlstand.

◄
Ein sich sanft durch den Garten schlängelnder Weg symbolisiert den Fluss des *Chi*, das immer in kreisförmiger Bewegung ist.

▲
Ein runder Esstisch gilt als eine der Glück bringendsten Formen des Feng Shui.

◄
Ein Badezimmer zieht viel positives *Chi* ab, da hier ständig Wasser fließt. Dennoch kann das Bad angenehm und entspannend gestaltet werden.

SCHRITT 14

Das Kopfteil Ihres Betts sollte in Ihre *Sheng Chi* oder beste Richtung weisen. Sollte dies nicht möglich sein, wählen Sie eine Ihrer anderen drei besten Richtungen. Bei gesundheitlichen Problemen sollte das Kopfteil etwa in Ihre Gesundheitsrichtung zeigen. Natürlich ist es unwahrscheinlich, dass beide Partner dieselbe beste Richtung haben. Im Interesse einer glücklichen Ehe sollte die beste Richtung der Frau Vorrang haben, obwohl Sie dies natürlich beliebig vereinbaren können.

SCHRITT 15

Überlegen Sie sich die Richtung Ihres Arbeitsplatzes. Falls Sie ein Heimbüro haben, sollte der Schreibtisch in Ihre *Sheng Chi* -Richtung zeigen. Dies sollte nach Möglichkeit auch für Ihren Arbeitsplatz im Büro oder einem Geschäft gelten. Keinesfalls sollten Sie mit dem Rücken zur Bürotür sitzen. Es ist wichtiger, die Tür zum Büro im Blickfeld zu haben, als dass Ihr Stuhl in Ihre *Sheng Chi* beste Richtung zeigt.

SCHRITT 16

Orientieren Sie die Ausrichtung Ihres Essplatzes oder Esszimmers nach Ihrer *Sheng Chi* besten Richtung.

Dies sind die grundlegenden Feng Shui-Veränderungen zur Verbesserung des Energieflusses in Ihrem Zuhause. Genauere Informationen zu den einzelnen Wohnbereichen finden Sie auf den folgenden Seiten. Nehmen Sie nicht zu viele Veränderungen gleichzeitig vor, da diese eine sehr starke Wirkung haben können, sondern gehen Sie schrittweise vor und beobachten Sie die positiven Ergebnisse.

▲
In einer großen Diele kann auch ein kleines Büro untergebracht werden, doch um den Fluss des zur Tür hereinkommenden *Chi* nicht zu behindern, muss hier Ordnung herrschen.

►
Eine wenig ansprechende Diele kann man durch die sorgfältig überlegte Anordnung interessanter Bilder aufpeppen. Experimentieren Sie mit verschiedenen Rahmen, bis Ihnen das Arrangement zusagt.

▼
Helle Farben beleben ein enges, dunkles Vorzimmer.

►
Diese Diele wirkt dank ihres luftigen Charakters sehr einladend. Ordnung ist dabei für den ungehinderten Fluss des *Chi* unabdingbar.

Eingang und Diele

In Bezug auf Eingang und Diele Ihres Zuhauses zählt wirklich der erste Eindruck. Es handelt sich dabei um das Tor zum restlichen Wohnbereich – hier kommt man nach Hause, hier geht man weg, und hier begrüßen und verabschieden wir unsere Gäste. Die Diele ist somit der erste und letzte Bereich, den unsere Gäste zu sehen bekommen, und daher hinterlässt dieser Bereich bei unseren Besuchern unweigerlich einen bleibenden Eindruck.

Zudem kann dieser Raum die Qualität des Feng Shui im gesamten Haus beeinflussen. Hier sollte Ordnung herrschen, eine belebende Energie verbreitet und ein warmes, freundliches Ambiente geschaffen werden. Dennoch sollte dieser Raum praktisch sein, da hier jeden Tag ein reges Kommen und Gehen herrscht. Von hier aus verbreitet sich das *Chi*, nachdem es durch die Eingangstür hereingekommen ist, und daher ist es so wichtig, dass dieses ungehindert in die anderen Räumlichkeiten fließen kann und nicht durch eine Vielzahl an Gegenständen blockiert wird.

Durch einen hellen, luftigen Anstrich, fröhliche Stoffe und einen farbenfrohen Boden (siehe Stilrichtungen) sowie Spiegel zur optischen Vergrößerung kann man die Diele zu einem angenehm einladenden Raum gestalten. Achten Sie jedoch auf die Position der Spiegel, da diese ein sehr mächtiges Feng Shui-Werkzeug darstellen.

Der Fluss des *Chi*

▲ **Eine Diele muss nicht farblos und langweilig aussehen. Planen Sie die Einrichtung sorgfältig, und setzen Sie Accessoires wie Blumen ein, um die Energie zu heben.**

Im Idealfall kann das *Chi* ungehindert und gleichmäßig bei der Eingangstür hereinfließen und in die Diele gelangen, von wo es sich in alle anderen Räume ausbreiten kann.

Die Dielen sind überall unterschiedlich angelegt, doch oft sind sie eng und kalt, nur spärlich eingerichtet und daher nicht sehr ansprechend – ein Ort, durch den das *Chi* ungehindert durchrauscht.

Wenn eine Diele andererseits zu viele Gegenstände oder spitze, eckige Objekte enthält, wird der Fluss des *Chi* sehr zum Nachteil des restlichen Hauses behindert. Hier muss ein Gleichgewicht gefunden werden, damit das *Chi* gleichmäßig und ruhig fließen kann.

Eingang und Diele im Idealfall

Die Diele sollte hell und freundlich sein. Zur optischen Vergrößerung empfiehlt sich ein Spiegel – nicht aber gegenüber der Tür, um das *Chi* nicht gleich wieder entweichen zu lassen.

Verlangsamen der Energie

Ein typisches Problem in der Diele entsteht durch einen Hintereingang, der direkt auf einer Linie mit dem Vordereingang liegt. Wenn hier der Fluss des *Chi* nicht verlangsamt wird, ähnelt die Diele einem Windkanal, und das *Chi* wird zur Vordertür hereinkommen und ohne Zirkulation durch das Haus auf schnellstem Weg bei der Hintertür wieder entweichen.

Dem kann man durch Windspiele an der Decke der Diele, einem Möbelstück oder einer Topfpflanze vor der Wand entgegenwirken, da das *Chi* dann nicht geradewegs durchrauschen kann.

Tipps

- Wenn Ihre Diele sehr eng ist, hängen Sie einen Spiegel zur optischen Vergrößerung auf. Dieser darf jedoch nicht direkt gegenüber der Eingangstür angebracht werden.
- Verzieren Sie die Wände mit inspirierenden Kunstwerken und schönen Landschaftsbildern.
- Tapete oder Anstrich sollten hell und einladend sein, damit man gerne eintritt.
- Sorgen Sie für eine gute Beleuchtung durch Hängelampen oder Spots. Dunkle Ecken sollten durch Lichtakzente belebt werden.
- Wenn die Küche offen und vom Eingang her einsehbar ist, sollten Sie eine Tür einbauen oder die Küche durch Pflanzen abschirmen.
- Die Treppe sollte fest sein; andernfalls sollten Sie die Lücken zwischen den Trittbrettern schließen, da Sie sonst etwas von den Familienersparnissen verlieren könnten.

▲ **Der Eingang zu Ihrem Zuhause sollte breit und einladend sein. Ein Spiegel an einer Seitenwand kann den Raum optisch vergrößern.**

► **Überlegen Sie sich die Gestaltung Ihrer Diele gut, da die Besucher hier den ersten Eindruck von Ihnen und Ihrer Familie bekommen.**

Auch die Position der Treppe hat eine große Bedeutung für das Feng Shui der Diele. Eine direkt zur Treppe zeigende Eingangstür bewirkt, dass das *Chi* sofort die Treppe hinauf oder in das Herz des Heims entschwindet, ohne abgelenkt oder gemäßigt zu werden, was sich auf alle Bewohner negativ auswirken kann. In diesem Fall sollte man die Zirkulation des *Chi* durch Windspiele am Fuß der Treppe oder über der Eingangstür anregen.

Trödel in der Diele

Zu viel Trödel in der Diele bewirkt eine Ansammlung von stagnierendem, negativem *Chi*. Wenn sich dieser Kram in einer zentralen Lage befindet, fühlen sich die Bewohner niedergeschlagen oder ihre Gesundheit und ihr Wohlbefinden leiden. Entfernen Sie alle unnötigen Gegenstände und Möbel – wenn man beim Betreten der Diele sofort über Schuhe stolpert und Unmengen an Mänteln herumhängen, ist dies störend.

Helle und freundliche Atmosphäre

Die Diele sollte sauber und freundlich wirken und genügend Platz bieten, damit man sich frei bewegen kann. Stimulieren Sie den Fluss des *Chi* durch eine gesunde Pflanze und reichlich Licht.

FENG SHUI

Stilrichtungen

Teppiche

Mit Teppichen kann man eine Diele ganz leicht verwandeln. Im Feng Shui kann man durch die Verwendung bestimmter Farben oder Muster einen gesunden Energiefluss in und durch den Eingangsbereich erzielen. Über einen großflächigen Holz- oder Keramikboden gelegt, können Teppiche bestimmte Bereiche der Diele betonen und für Farbe und Leben in einem sonst eher eintönigen Raum sorgen.

Wählen Sie zwischen Kelims und Dhurries, Stick- und Webteppichen jene Farben, die das richtige Element in der Diele verstärken. Wenn Ihr Vorzimmer etwa im Süden liegt und Sie die Feuerenergie der Umgebung betonen wollen, empfehlen sich Teppiche in kräftigen, feurigen Rot- und Orangetönen. Da die Teppiche einen großen Teil des Vorzimmers einnehmen können, sind Struktur und Muster besonders wichtig, denn diese treten im Vergleich zur restlichen Einrichtung in den Vordergrund.

Auch das Muster sollte wohl überlegt sein. Große Muster, dunkle Töne und Bordüren lassen die Diele enger aussehen, während kleingemusterte Teppiche, helle Farben und glatte Oberflächen den verfügbaren Raum größer wirken lassen.

▼ **Dieser vorrangig schwarze und graue Teppich eignet sich ideal für eine nordseitige Diele, da diese Farben das Element des Wassers betonen. Auch das Kreismuster betont dieses Element.**

◄
Gewagte, bunte Streifen können in einer Diele schöne Akzente setzen, doch sollte das Muster nicht zu dominant sein und im Ton zu den anderen verwendeten Farben passen.

▲
Suchen Sie das Muster des Teppichs für das Vorzimmer in Ruhe aus, da großflächige Muster den Raum optisch enger und kleine Muster den Raum größer wirken lassen.

◄
Traditionelle Teppiche, die oft aus Asien stammen, zeigen komplizierte Muster und unterschiedliche Symbole und Formen. Stimmen Sie diese farblich auf das Element Ihrer Diele ab, um mehr günstige Energie hereinzuholen.

▲

Arrangieren Sie die Sitzgelegenheiten harmonisch rund um einen Kaffeetisch. Das ist der Anziehungspunkt für Besucher und fördert die Kommunikation.

Der Wohnraum

Als Mittelpunkt des Familienlebens ist der Wohnraum jener Ort, an dem man Gäste empfängt und an dem man ausspannen kann. Es ist das öffentliche Gesicht unseres Zuhauses. Dieser multifunktionale Raum ist zumeist eines der größeren Zimmer und für das Familienleben von besonderer Bedeutung. Hier sitzen wir und entspannen uns, plaudern mit Gästen und stellen unsere Besitztümer und unseren Geschmack zur Schau. In manchen Fällen ist auch der Essbereich hier integriert, oder ein Teil des Raums wird als Heimbüro genützt.

Da hier so viele verschiedene Aktivitäten stattfinden, ist es besonders wichtig, ein gutes Feng Shui zu bewirken, um das Wohlbefinden aller Bewohner sicherzustellen. Im Idealfall befindet sich das Wohnzimmer im vorderen Bereich des Hauses nahe der Eingangstür, sodass es unmittelbar von dem starken *Chi*, das zur Tür hereinkommt, profitiert. Das ist auch der beste Raum zum Aktivieren der acht Lebenswünsche (siehe Seiten 42–59), denn dieser Raum wird von allen genützt.

Das Wohnzimmer sollte bequem und hell sein und gemütliche Sitzgelegenheiten sowie warme, einladende Farben aufweisen (siehe Stilrichtungen).

▲

Die Kombination aus Gelb und Rot in diesem Wohnzimmer findet bei Besuchern sofort großen Anklang.

►

Warme Holzböden verhindern das Stagnieren des *Chi* im Wohnzimmer, während Kerzen und Feuer die Energie aktivieren.

Ort der Entspannung

Das Wohnzimmer sollte frei von Trödel sein und nicht zu viele Möbelstücke enthalten. Bücher und Zeitschriften sollten gut verstaut sein, sodass man sich bequem durch den Raum bewegen kann, ohne an etwas anzustoßen. In einem vollgeräumten Raum stagniert die *Chi*-Energie, und in einem solchen Ambiente findet man nur schwer Entspannung.

Auch Fotos von plaudernden und lachenden Freunden und Familienfotos sorgen für Zusammenhalt. Kantige Möbel und Gegenstände sollte man vermeiden, da diese Kanten das negative *Sha Chi* abgeben und den Fluss des *Chi* im Raum behindern. Verringern Sie die Wirkung dieser Elemente, wie vorspringende Regalböden, indem Sie Blumen oder Pflanzen davorstellen oder einen eckigen Tisch durch ein Tischtuch verdecken.

Räume mit ausgefallener Form

Räume in L-Form kann man durch das Platzieren der Möbel optisch in zwei rechteckige Gruppen teilen. Ein Bereich kann zum Beispiel für Besuche und der andere Teil als Familienbereich genützt werden. Sie können die fehlende Ecke aber auch durch das Aufstellen eines Spiegels füllen, den Sie so an der Wand platzieren, dass die fehlende Ecke wieder aufscheint. Zur richtigen Platzierung gehen Sie vom Grundriss des „vollständigen" Raums aus.

Bequeme Sitzgelegenheiten

Die Sitzgelegenheiten sind die vielleicht wichtigsten Möbelstücke im Wohnzimmer, und ihre Anordnung wirkt sich auf das Ambiente des gesamten Raums aus. Sofas und Lehnstühle sollten eine abgerundete Form haben und bequem sein.

Versuchen Sie die Sitzgelegenheiten rund um einen Mittelpunkt, wie etwa einen Kaffeetisch oder einen Kamin anzuordnen, um dadurch interessante Gespräche zu fördern. Die Stühle sollten allerdings nicht mit dem Rücken zur Tür stehen, da man sich darauf sonst unbewusst bedroht fühlt.

Die Menschen werden automatisch von der Wärme und dem Licht eines offenen Kamins angezogen. Dieser sorgt im gesamten Raum für Energie und ein gemütliches Ambiente, und das ist in einem Wohnzimmer besonders wichtig. Unter Balken sollten keine Stühle stehen, da sich dort das von den Balken kommende *Sha Chi* negativ auswirkt. Achten Sie auf allfällige scharfe Winkel und Kanten, die Giftpfeile aussenden könnten. Schirmen Sie diese gegebenenfalls duch Pflanzen oder Mobiliar ab.

►
Pastellfarben sind im Wohnraum sehr angenehm. Durch solche weichen Töne wirkt der Raum größer.

▲
Stühle mit weichen Linien behindern den Energiefluss nicht.

Idealerweise sollten die Möbel die achteckige Form des *Pa Kua* nachahmen. Das sorgt für ein warmes und harmonisches Ambiente, da der Abstand der Stühle zueinander das Gespräch und eine gute Interaktion aller Bewohner fördert.

Sitzgelegenheiten, auf denen man längere Zeit hindurch sitzt – etwa zum Lesen oder Fernsehen – sollten in die persönliche beste Richtung des Betroffenen zeigen. Diese lässt sich durch die *Kua*-Zahl feststellen (siehe Seiten 76–77).

Farben

Sanfte Farben an den Wänden, etwa Creme oder Gelb, lassen den Raum größer wirken. Gelbtöne sind ideal, da diese die Kommunikation sowie Geselligkeit und Harmonie bei allen Familienmitgliedern fördern.

Die Farbe des Wohnzimmers kann entsprechend der vorgenommenen Feng Shui-Maßnahmen gewählt werden. Dabei sollten Sie die Farbe so aussuchen, dass diese zur Lage auf dem

DAS WOHNZIMMER Tipps

- Ein Wasserobjekt fördert das günstige *Chi* im Wohnzimmer. Mit einem richtig platzierten Wasserfall oder Aquarium mit Goldfischen wird die Energie des Raums angehoben.
- Scharfe Objekte wie Messer, Schwerter oder Trophäen toter Tiere an der Wand bewirken negative Energie.
- Tischlampen oder Ziergegenstände mit scharfen Kanten geben schneidendes *Sha Chi* in den Raum ab.
- Planen Sie den Raum so, dass das *Chi* ungehindert durch den Raum zirkulieren kann. Achten Sie auf Winkel, in denen die Energie stagniert, und entfernen Sie alles Gerümpel.
- Die Möbelstücke sollten fest sein, und bei Sofas und Lehnstühlen sind hohe Lehnen ideal, da diese die Unterstützung im Leben symbolisieren.
- Naturquarz, Amethyst oder ein geschliffener Bleikristall sowie Keramik- oder Terrakottavasen empfehlen sich im Nordosten zum Fördern des Ausbildungsglücks.

▼
Im Wohnraum sollten nicht zu viele Möbel stehen. Um das *Chi* ungehindert fließen zu lassen, sollte es kaum Trödel geben. Scharfe Kanten sorgen für *Sha Chi* und sollten durch Pflanzen verdeckt werden.

Das ideale Wohnzimmer

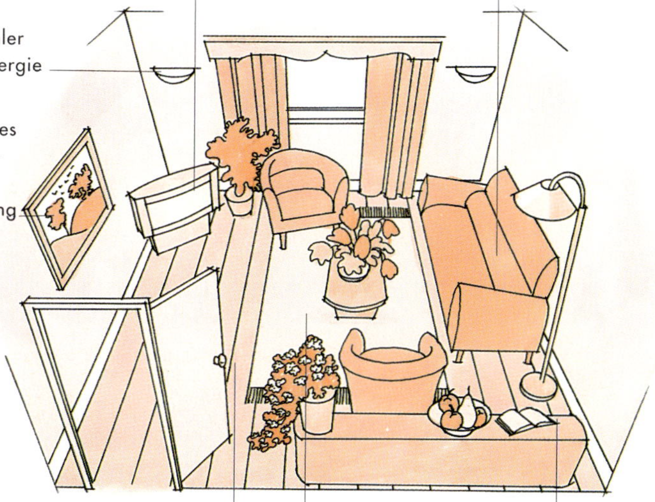

▲
Stühle mit hoher Lehne wirken unterstützend, doch um sich darin auch wohl zu fühlen, sollten sie nicht mit dem Rücken zur Tür zeigen.

◄
Frische Blumen bringen Energie in ein Wohnzimmer, doch sollten diese gewechselt werden, sobald sie *Yin* werden.

Grundriss Ihres Zuhauses passt. Wenn der Raum beispielsweise im Südwesten oder Nordwesten eines Hauses liegt, sollte zur Betonung des Erdelements ein Gelbton gewählt werden.

Wenn der Raum hingegen im Südosten oder Osten liegt, wäre Grün passend zum Element des Holzes zu bevorzugen.

Eine Nord- bzw. Südlage sollte in Blau- bzw. Rottönen eingerichtet werden. Im Nordwesten und Westen gelegene Räume können durch Weiß sowie Silber- und Goldtöne verbessert werden, die alle dem Element des Metalls entsprechen.

Entfernen des negativen *Chi*

Fernseher, die oft das Kernstück eines Wohnraums darstellen, sollten verdeckt sein, wenn sie nicht in Betrieb sind, da das von ihnen ausgehende elektrische Feld negative Energie in den Raum abgibt. Diesen Effekt kann man mindern, indem man Pflanzen zum Absorbieren dieser Energie davor positioniert.

▼
Farbenfrohe Kissen im Ethno-Look sorgen für ein behagliches Ambiente und herrlichen Sitzkomfort.

Stilrichtungen

Vorhänge

Sie können den Fluss des *Chi* und das Eindringen von Tageslicht durch die Fenster des Wohnraums durch luxuriöse Samtstoffe oder aber auch reinstes Musselin beeinflussen. Versuchen Sie es mit kunstvoll drapierten Vorhängen in *Yin*-Tönen wie Porzellangrün und mattem Blau oder wählen Sie gewagtere *Yang*-Töne wie kräftiges Orangerot oder Fuchsia.

Um die Fenster optimal zu inszenieren, werfen Sie zunächst einen Blick auf die Architektur, Funktion und die gewünschte Menge an Tageslicht. Denken Sie dabei an die Privatsphäre, den Ort und vor allem an den Fluss des *Chi*.

Vorhänge sind ein praktisches Gestaltungselement, da man praktisch alle Materialien, von Samt und Damast bis zu Leinen, Seide, Baumwolle und Musselin verwenden kann. Das Gewicht des Stoffes beeinflusst die Menge an eindringender *Chi*-Energie. Schwerere Stoffe bremsen das *Chi*, was bei lauten Straßen vor dem Fenster günstig ist. Vorhänge können die Kanten eines Raums abrunden und Licht filtern.

▲ **Schwerere Stoffe können das Entweichen des *Chi* durch ein Wohnzimmerfenster, das auf eine laute Straße hinausgeht, verhindern.**

► **Helle, fließende Vorhänge lassen mehr natürliches Licht in einen dunkleren *Yin*-Raum.**

◄

Gemusterte indische Seidenstoffe sorgen für ein sinnliches Ambiente. Wählen Sie *Yin*- oder *Yang*-Töne, die zum Rest der Einrichtung passen.

▲

Großflächige Vorhänge in einem mattblauen *Yin*-Ton können als Gegengewicht zu stärkeren, kräftigeren *Yang*-Elementen im Wohnzimmer eingesetzt werden.

▼

Extravagant drapierte Vorhänge ergänzen den Stil dieses Fensterrahmens. Dieses gerollte Design eignet sich gut für den Westen eines Raums, da die runde Form Metall symbolisiert.

FENG SHUI

Stilrichtungen

Sitzgelegenheiten

Bequeme, hübsche Sitzgelegenheiten sind ein wichtiger Teil des Wohnzimmers – sie müssen daher sorgsam ausgewählt werden. Einfache und bequeme Formen laden zum Herumlungern ein und eignen sich ideal für ein Schläfchen, zum Nachdenken oder Lesen.

Beachten Sie bei der Auswahl der Sitzgelegenheiten auch Material, Form und Farbe. Holzstühle sind für den Südosten und Osten besonders gut geeignet, während Metallstühle als Akzente im Westen und Nordwesten ideal sind. Geschwungene Formen oder Polstermöbel mit Kreismuster oder fließenden Linien stimulieren die Geselligkeit, da sie die Natur nachahmen. Um ein rechteckiges Wohnzimmer abzurunden, wählen Sie übergroße, ausladende Stühle in Mondform, da diese Bewegung verkörpern und die natürliche Welt und den Kreislauf der Natur symbolisieren. Für rege Kommunikation sollten die Sitzgelegenheiten in einer Form wie einem Kreis, Achteck oder Rechteck positioniert werden, da dies im Feng Shui harmonische Beziehungen fördert.

► **Durch die fließende Form dieses bequemen Sitzmöbels ist hier für Entspannung gesorgt. Im Süden des Wohnzimmers fördert das Rot Ihre Ruhmesecke.**

► Ein bequemer blauer Lehnstuhl im Norden des Wohnzimmers stimuliert Ihre Berufsecke.

► Metallstühle fördern die West- und Nordwestecke Ihres Wohnraums.

▲ Sessel, die in die Mitte des Raums weisen, ermöglichen unterschiedliche Sitzrichtungen für Freunde und Familie.

◄ Geschwungene Stühle stimulieren im Wohnzimmer die gesellige Interaktion.

▲ Eine schrille Einrichtung kann durch Sessel in neutralen Farbtönen, wie diesem weichen Biskuit-Ton, beruhigt werden.

Stilrichtungen

FENG SHUI

► Decken mit Strukturmuster sind weich and angenehm. Sie haben starke *Yin*-Eigenschaften und eignen sich gut als luxuriöse, weiche Überwürfe auf Sofas.

► Naturfasern wie dieser Weidenkorb haben *Yin*-Eigenschaften und müssen daher mit *Yang*-Objekten kombiniert werden.

► Zwischen den verschiedenen Strukturen sollte im Wohnzimmer immer ein Gleichgewicht bestehen. Legen Sie diese Bücher mit Ledereinband auf einen Hartholztisch oder neben Keramikobjekte.

► **Weiche, samtige Strukturen auf der Rückenlehne der Wohnzimmersessel haben *Yin*-Eigenschaften und sind angenehm anzugreifen.**

Strukturen

Ein Wohnzimmer mit einer hübschen Mischung aus verschiedenen Farben und Strukturen ist nicht nur ein idealer Ort zum Entspannen, sondern auch ein schöner, sinnlicher Anblick.

Das Wohnzimmer weist unterschiedliche Materialien und Oberflächen auf, doch erst unser Tastsinn ermöglicht die Unterscheidung zwischen weichen und harten, heißen oder kalten, glatten oder rauen Oberflächen.

Die Oberflächenstruktur wirkt sich auch auf den Fluss des *Chi* in diesem Raum aus. Objekte mit weicher oder aufgerauter Struktur, wie etwa ein Berg Kissen oder ein Überwurf, haben *Yin*-Eigenschaften, während harte, glänzende Gegenstände wie Vasen oder Keramikstatuen oder ein Marmorboden starke *Yang*-Eigenschaften aufweisen.

◄ **Die härtere *Yang*-Struktur dieser Holzschüssel bildet einen schönen Kontrast zu den weichen Stoffen.**

▲ **Brokatkissen auf Sofas sorgen in jedem Wohnzimmer für einen Hauch von Luxus und Opulenz.**

Das
Esszimmer

▲
Kerzen symbolisieren das Element des Feuers und sorgen für positive *Yang*-Energie, die in einem Esszimmer keinesfalls fehlen darf.

▲
Ein runder Esstisch ist ideal, denn die runde Form repräsentiert das mit Reichtum assoziierte Element Metall.

Das Esszimmer ist für die Harmonie innerhalb der Familie von größter Bedeutung. In diesem Raum soll man sich entspannen, sich unterhalten und plaudern können, und auch zum gemeinsamen Essen kommt man hier zusammen. Die Chinesen meinen, dass das Essen Nahrung für Körper und Geist darstellt, sodass das Wohlbefinden der Personen am Esstisch besonders wichtig ist. Für die Chinesen ist Essen ein sozialer Akt, und dem Essen kommt in ihrer Kultur eine immens wichtige Bedeutung zu. Die Familie sollte zumindest eine Mahlzeit pro Tag gemeinsam einnehmen, um für Harmonie im Haus zu sorgen.

Das Esszimmer sollte nicht überfüllt, zu stark möbliert oder sehr dunkel sein. Ideal ist ein rechteckiger oder quadratischer Grundriss mit einem runden Esstisch (siehe Stilrichtungen) und bequemen Stühlen, einer Anrichte, einem Spiegel, der die Speisen am Esstisch optisch verdoppelt, und nicht viel mehr. Ein günstig eingerichtetes Esszimmer mit guter Beleuchtung, hellen Farben und den richtigen Möbeln fördert den Reichtum und dient dem Zusammenhalt der Familie.

▲
Ein reichlich mit Speisen und Getränken gedeckter Esstisch soll den Wohlstand und den Status der Familie fördern.

Der ideale Essplatz

Idealerweise sollte der Essplatz im Zentrum unseres Zuhauses zwischen Wohnzimmer und Küche liegen und dadurch zum Herzen unseres Heims werden. Das verbessert die Harmonie und das Verständnis zwischen Eltern und Kindern. Der Essplatz sollte nicht direkt von der Eingangstür her einsehbar sein oder den Blick auf die Eingangstür freigeben. Ein Essbereich direkt unter dem WC des darüber gelegenen Stockwerks ist nicht ratsam, da dieser Nassraum das Glück im Esszimmer unterdrücken kann.

Wenn Sie in einer Wohnung leben, sollten Sie den Grundriss der über Ihnen gelegenen Wohnung kennen, um eine Platzierung des Esstisches direkt unter dem WC oder der Küche zu vermeiden. Als Glück bringend gelten rechteckige oder quadratische Räume – diese sind auch am einfachsten einzurichten. Wenn Sie kein eigenständiges Esszimmer haben, schaffen Sie einen separaten Essplatz, der nach Möglichkeit vom Wohnbereich abgeschirmt sein sollte.

Helle Einrichtung

Die Energie unseres Zuhauses wird durch das servierte Essen belebt – daher ist das Esszimmer eng mit dem Status und Wohlstand der Familie verbunden. Dies ist ein Raum, der von reichlich *Yang*-Energie profitiert, die diesen Aspekt des Feng Shui fördert. Dies kann man durch Licht –

▲ **Ein liebevoll gedeckter Tisch macht das Essen für alle Beteiligten noch genussvoller.**

Das ideale Esszimmer

◄ **Das Esszimmer sollte nur den Esstisch, Stühle und eine Anrichte aufweisen, um nicht vom Essen abzulenken. Schön wäre eine Hängeleuchte und Kerzen, die für *Yang*-Energie und die Wärme des Feuers sorgen.**

► **Bei regelmäßigen Familienmahlzeiten sollten alle so sitzen, dass sie in eine ihrer besten Richtungen blicken.**

insbesondere Kristallleuchter – und Kerzen erreichen, die für Wärme sorgen und an das Element des Feuers erinnern. Auch Musik und eine angenehme, ansprechende Einrichtung mit hellen Farben kann anregend wirken. Pflanzen fördern ebenfalls die *Yang*-Energie und repräsentieren die Steigerung des Glücks der Familie.

Glück bringende Sitzordnung

Überprüfen Sie die Anzahl der Plätze an Ihrem Esstisch, denn dies beeinflusst das Glück der Bewohner. Sechs, acht oder neun Plätze gelten als Glück bringend – denn ungerade Zahlen sind *Yang*. Da die Anzahl der Bewohner nun einmal fix ist, kann man die Zahl der Plätze nicht täglich ändern. Doch wenn Sie Gäste einladen, sollten Sie diese Glück bringenden Zahlen bedenken.

Anbringen von Spiegeln

Spiegel sind starke Objekte. Durch einen strategisch angebrachten Spiegel im Essbereich kann das Essen am Tisch und damit der Reichtum der Familie verdoppelt werden. Dies ist der einzige Platz im Haus, wo Essen im Spiegel sichtbar sein soll. Keinesfalls darf ein Spiegel neben Herd, Ofen oder Kochstelle angebracht werden, wo sich das gerade zubereitete Essen spiegeln würde – das könnte die Gefahr eines Unfalls oder Küchenbrands erhöhen.

Glückssymbole

Glückssymbole können Ihr Feng Shui-Glück im Esszimmer fördern – stellen Sie etwa die drei Glücksgötter *Fuk*, *Luk* und *Sau*, die Reichtum, Gesundheit und Langlebigkeit verkörpern, auf.

DAS ESSZIMMER

Tipps

- Negatives *Chi* von scharfen Winkeln sollte durch Pflanzen oder Möbel abgeschwächt werden.
- Niemand sollte unter einem großen, einzelnen Balken sitzen. Wenn dies unvermeidbar ist, hängen Sie zwei identische Bambusflöten auf einer roten Schnur vom Balken, neigen Sie diese oben 45 Grad zueinander, wobei die Mundstücke nach unten zeigen sollten. Das reduziert die negativen Schwingungen des Balkens.
- Deckenfluter können auf den Balken gerichtet werden, um dessen Negativität zu mindern.
- Alle Familienmitglieder sollten beim Esstisch nach Möglichkeit in eine ihrer persönlichen besten Richtungen laut *Kua*-Zahl (siehe Seiten 76–77) blicken.
- Bilder von Obst und Essen an der Wand des Esszimmers fördern das Reichtumsglück.
- Obst wie etwa Orangen stehen für Reichtum, da in manchen chinesischen Dialekten das Wort für Orangen jenem für Gold entspricht.
- Bilder, die die Langlebigkeit symbolisieren, etwa Kraniche, Bambus oder Hirsche, sind gesundheitsfördernde Glückssymbole.

▲ **Ein runder Esstisch gilt im Feng Shui als Glück bringend. Zudem hat dieser keine scharfen Ecken, die schneidendes *Chi* auf die Gäste oder Bewohner abgeben könnten.**

Stilrichtungen

Tische

Der gemeinsame Genuss von leckerem Essen mit Familie oder Freunden in einem angenehmen Ambiente gehört zu den schönsten Dingen des Lebens. Im Feng Shui ist der Tisch das wichtigste Möbelstück im Esszimmer.

Der Tisch sollte rund oder oval sein und keine rechten Winkel oder Fehlbereiche aufweisen. Ein achteckiger Tisch, im Westen eher unüblich, ist ebenfalls günstig, da diese Form an das *Pa Kua* erinnert. Beide Tischformen sollen allen am Tisch sitzenden Personen Glück bringen. Auch eine rechteckige oder quadratische Form ist möglich, doch sollten Gäste nicht an den Ecken sitzen, wo ihnen die negative Energie des *Sha* schaden könnte. Der Tisch sollte unter einer ausgewogenen Lichtquelle und zur guten Belüftung in der Mitte des Raums stehen.

Für ein Gleichgewicht zwischen *Yin* und *Yang* sollten Männer und Frauen abwechselnd gesetzt werden.

◄ **Der Esstisch sollte rund oder oval sein. Eine gerade Anzahl von Stühlen ist *Yin*, eine ungerade Anzahl *Yang*.**

▲ **Auch ein nicht benützter Esstisch kann durch Obst oder frische Blumen ein hübscher Blickfang sein.**

◄

Ein sehr förmlich gedeckter Tisch wie hier hat starke *Yang*-Eigenschaften. Der Tisch kann aus Hartholz sein und bedarf starker, gewagter Farben bei Geschirr und Dekor. Kerzen sorgen für Energie und schaffen eine warme Atmosphäre.

◄

Auch ein rechteckiger Tisch kann im Esszimmer verwendet werden, doch sollten die Gäste nicht vom schneidenden *Chi* der Ecken erfasst werden. Hartholztische, etwa aus Eiche, haben mehr *Yang*-Energie als Weichholztische, etwa aus Kiefernholz.

▲

Wählen Sie Geschirr und Tischdekor sorgfältig. Glas- und Keramikgeschirr ist sehr *Yang* und braucht ein Gegengewicht in Form weicher, fließender Servietten in Pastellfarben.

FENG SHUI

Stilrichtungen

▲ Besonders in Verbindung mit einem runden Tisch verhindern moderne, geschwungene Stühle negatives schneidendes *Chi*.

► Dieser moderne Birkenstuhl mit Metallbeinen kann in einem Esszimmer für mehr *Yang*-Energie sorgen.

► Gelb ist eine positive *Yang*-Farbe für das Esszimmer, und der abgerundete Stuhl mit hoher Lehne sorgt beim Essen für starken Rückhalt.

Stühle

Für eine Mahlzeit mit Gästen oder der Familie sollten die Stühle stilvoll und vor allem bequem sein und die Leute einladen, länger zu verweilen und das leckere Essen, Getränke oder angeregte Gespräche zu genießen.

Vor allem die Familienmitglieder sollten beim Essen mit dem Rücken nicht zum Fenster sitzen, sondern zu einer Wand, da dies ein Gefühl der Sicherheit vermittelt. Ihr Stuhl sollte in eine ihrer Glück bringenden Richtungen weisen. Stellen Sie vorzugsweise eine gerade Anzahl von Stühlen an den Tisch, da dies Glück bringend ist – sechs oder acht wäre etwa eine gute Zahl, obwohl auch eine ungerade Anzahl wie neun als Glück bringend gilt.

Essstühle mit hoher Lehne geben Halt, während niedrige Stühle mit gerader Form und scharfen Kanten das *Chi* beschleunigen. Stühle ohne Armlehnen, mit hoher Rückenlehne und gepolstertem Sitz sind für einen runden Esstisch ideal, da sie für ein ausgewogenes, harmonisches Ambiente sorgen.

Bei modernen Stühlen mit fließenden Formen kann kein *Sha Chi* von scharfen Kanten abgegeben und auf die Gäste gerichtet werden. Mehr *Yang*-Energie erreichen Sie durch Metall- oder Hartholzstühle, mehr *Yin* durch Stühle aus Weichholz.

▼
Dank der abgerundeten Armlehnen dieses Holzstuhls kann das *Chi* ungehindert um den Esstisch fließen.

▲
Moderne Essstühle in lebhaften Farben und geschwungener Form sind ein schöner Blickfang im Esszimmer. Vor dem Kauf sollten Sie überlegen, ob diese auch für eine lange Mahlzeit bequem genug sind.

▲
Die Arbeitsflächen in der Küche sollten frei sein. Versuchen Sie daher, die Küchenutensilien nach Möglichkeit aufzuhängen.

Die Küche

Die Küche war schon immer ein betriebsamer Ort im Haus und bis heute ist sie das Zentrum vieler Aktivitäten zu Hause geblieben. Hier wird primär gekocht, doch plaudert man hier auch mit Freunden oder genießt einen Imbiss mit der Familie. Im Feng Shui wird die Küche mit Nahrung und damit mit der Gesundheit der Familie assoziiert – daher sollte diese korrekt eingerichtet werden, denn schließlich ist dies einer der wichtigsten Räume.

In der Küche treffen die unvereinbaren Elemente des Feuers und des Wassers aufeinander – bedingt durch Elektrogeräte wie Herd, Kühlschrank, Tiefkühlgerät, Geschirrspüler und Waschmaschine. Dabei muss man darauf achten, dass diese nicht direkt gegenüber zu stehen kommen. Die Arbeitsflächen müssen sauber und frei sein. Planen Sie daher entsprechende Aufbewahrungssysteme und Stauraum ein (siehe Stilrichtungen). Setzen Sie *Yang*-Strukturen wie Keramikfliesen ein, um Farbakzente zu setzen und eine einladende, gemütliche Atmosphäre zu schaffen.

◄
Die Küche ist oftmals ideal für kleine Imbisse aller Familienmitglieder geeignet. Die lockere und warme Atmosphäre dieses Raums fördert entspannte Gespräche.

▲
Achten Sie darauf, den Herd nicht neben oder direkt gegenüber dem Kühlschrank oder Tiefkühlgerät zu positionieren, da die Elemente dieser Geräte nicht harmonieren.

▶
Wenn die Küche im Osten Ihrer Wohnung liegt, können Holzmöbel zur Förderung des Glück bringenden Elements beitragen.

Die ideale Küche

Spüle abseits des Herds

Gute Beleuchtung ist in der Küche besonders wichtig.

Ideale Lage der Küche im Osten oder Südosten

Freie Oberflächen zum besseren Fluss des *Chi*

An einem zentralen Kochblock kann der Koch beim Zubereiten mit anderen Leuten plaudern.

Gesunde Pflanzen fördern das *Chi*.

▲
Die Küche sollte im Osten oder Südosten der Wohnung oder des Hauses liegen. Da hier alle Speisen für die Familie zubereitet werden, ist die Zirkulation des *Chi* äußerst wichtig. Sorgen Sie daher für reichlich Stauraum, um die Oberflächen frei halten zu können.

DIE KÜCHE

Tipps

- Wurzelgemüse sollte in Drahtschalen oder Weidenkörben aufbewahrt werden, um gut belüftet zu werden.
- Kombinieren Sie Einbauschränke mit Hängeregalen und Aufbewahrungssystemen, um Ordnung halten zu können.
- Legen Sie nicht zu viele Dinge auf die Arbeitsflächen, um den Fluss des *Chi* nicht zu behindern.
- Die Kücheneinrichtung sollte abgerundete Kanten haben, um *Sha Chi* zu verhindern, das Unglück und Krankheit in die Familie bringen kann.
- Schließen Sie Mikrowelle, Toaster oder Teekocher in eine Ihrer guten Richtungen an (siehe Seiten 76–77).
- Große, scharfe Küchenmesser sollten in einer Lade oder einem Messerblock aufbewahrt werden, um schneidendes *Chi* zu vermeiden.
- Hängen Sie weder Knoblauch noch Zwiebel in der Küche auf – diese ziehen zu viel *Yin*-Energie an.
- Kühlschrank und Tiefkühler sollten reichlich gefüllt sein, um den Reichtum der Familie zu zeigen.

Ein geselliges Zentrum

Die Küche ist jener Ort, an dem die Bewohner genährt werden, und im Feng Shui soll diese zudem den Reichtum der Familie zeigen, da die Qualität des Essens als Symbol des Wohlstands gilt. Frei fließendes *Chi* ist hier besonders wichtig, ebenso wie die richtige Anordnung der Geräte und freie Arbeitsflächen. Die Tür sollte durch nichts blockiert werden, und alle Winkel, die schneidendes *Chi* abgeben könnten, sollten vermieden werden.

Die Küche, Zentrum jeder Wohnung, sollte von der Eingangstür nicht sofort einsehbar sein. Wenn dies unvermeidbar ist, sollte die Küchentür immer geschlossen werden. Die Arbeitsflächen sollten so angelegt werden, dass Sie beim Kochen nicht mit dem Rücken zur Tür stehen, denn dies vermittelt ein Gefühl von Unsicherheit.

Richtige Lage

Die Küche sollte in Ihrer *Tien Yi*-Richtung (Gesundheit) gemäß Ihrer *Kua*-Zahl liegen (siehe Seiten 76–77). Ist dies nicht der Fall, sollte der „Feuermund" des Herds, heute die Quelle der Gas- oder Stromversorgung, in diese Richtung zeigen. Die Küchengeräte sind im Feng Shui wichtig, da sie für die Ernährung der Familie sorgen und Gesundheit und Reichtum verkörpern. Eine gute Lage für die Küche ist zudem der Osten und Südosten, da das Element des Holzes in dieser Richtung sowohl mit dem Feuer als auch dem Wasser kompatibel ist. Im Schöpfungszyklus der Elemente nährt das Holz das Feuer und es wird vom Wasser hervorgebracht.

Sie können das Holzelement aber durch die Verwendung der Farbe Grün betonen, die dieses Element symbolisiert, oder Gegenstände aus Holz aufstellen, um für etwas mehr Holzenergie in der Küche zu sorgen.

Aufeinanderprallen der Elemente

Die Küche enthält immer viele Geräte, und die meisten werden mit dem einen oder anderen der fünf Elemente in Verbindung gebracht (siehe Seiten 30–41). Herd, Ofen und Kochstelle werden mit dem Element des Feuers assoziiert und sind von besonderer Bedeutung. Diese sollten weder in Richtung der Eingangstür noch zum Hintereingang weisen, da dadurch wertvolle *Chi*-Energie verloren gehen könnte. Auch eine Positionierung dieser Geräte direkt neben oder gegenüber dem Kühlschrank, Tiefkühlgerät, der Spüle oder dem Geschirrspüler ist nicht sehr glücklich, da all diese Geräte mit dem Element des Wassers in Verbindung gebracht werden. Im Zerstörungszyklus der Elemente im Feng Shui vernichtet das Wasser das Feuer, sodass ein Aufeinanderprallen dieser Elemente Streitigkeiten und Missverständnisse im Haushalt bewirken kann.

▼

Ein Aga-Kocher ist immer heiß und dient damit nicht nur der Zubereitung des Essens, sondern auch als angenehmer Wärmespender.

FENG SHUI

Stilrichtungen

Accessoires

Die Küche ist ein zentraler Treffpunkt für alle Familienmitglieder, und daher sind unterschiedlichste Accessoires für die Vorbereitung der Speisen, das Kochen und das Essen selbst erforderlich. Damit das *Chi* ungehindert fließen kann, müssen die Arbeitsoberflächen weit gehend frei bleiben. Dies wiederum erfordert die Anschaffung sorgfältig ausgewählter Accessoires zur Unterbringung aller regelmäßig benötigten Utensilien.

Behälter aus Keramik, Terrakotta oder Holz machen sich auf Arbeitsflächen ausgesprochen gut und dienen der Aufbewahrung unterschiedlichster Utensilien. Wandregale in geschwungener Form eignen sich als Halterung für Weingläser oder Tassen, und da sie keine scharfen Kanten aufweisen, kann auch kein schneidendes *Chi* auf Sie abgegeben werden.

Metalltoaster und -kessel fördern das *Yang*-Element in der Küche, doch scharfe Metallgegenstände wie Messer sollten besser in einer Besteckiade oder einem Messerblock aufbewahrt werden, um das negative *Sha Chi* zu vermeiden.

▼ **Für Küchenutensilien gibt es die unterschiedlichsten Holz- und Metallhängeregale, die für Ordnung auf der Arbeitsfläche sorgen. Vermeiden Sie jedoch direkt über dem Kochblock befestigte Regale, durch die sich der darunter werkende Koch bedrückt fühlen kann.**

◄
Holzbehälter sind ein hübscher Blickfang auf der Arbeitsfläche – sie eignen sich zur Aufbewahrung von häufig verwendeten Utensilien.

►
Diese geschwungene Bestecklade ist ideal für eine moderne Küche und gibt dank ihrer runden Form kein *Sha Chi* ab.

▲
Gläser kann man auch in Hängeregalen aufbewahren, wie in diesem Modell in Wellenform.

▼
Elektrogeräte aus Metall sorgen in der Küche für *Yang*-Eigenschaften.

▲
Glasschüsseln sind eher *Yang*-Accessoires. Sie eignen sich zur Aufbewahrung von Obst und Gemüse oder zum Servieren des Salats.

Stilrichtungen

►
Ein Steinboden ist in der Küche eher kalt, doch hält er sehr lange und sorgt zudem für den ungehinderten Fluss des *Chi*.

▲
Dieser praktische Linoleumboden fühlt sich warm an, er ist sehr strapazierfähig und leicht zu reinigen.

◄
Ein Holzboden ist leicht zu reinigen und hat eine warme und reiche Struktur. In dieser Küche ist der Fluss des *Chi* jedoch etwas verlangsamt, da auch die Möbel aus Holz sind.

◄ **Ein Steinboden in der Küche ist sehr strapazierfähig und ein gutes Gegengewicht zu der von den Holzmöbeln ausgehenden *Yin*-Energie.**

Boden

Der Boden stellt in jedem Raum eine große Oberfläche dar, und die Auswahl des richtigen Bodenbelags für eine Küche ist nicht immer ganz einfach. Dabei sollte ein Gleichgewicht zwischen *Yin* und *Yang* angestrebt werden. Dazu müssen sowohl harte als auch weiche Oberflächen im Raum eingesetzt werden.

Der Fluss des *Chi* durch das Haus kann durch den Boden beeinflusst werden – verschiedene Materialien haben unterschiedliche Wirkung. Ein Holzboden ist warm und leicht zu reinigen und hat keine Auswirkung auf das *Chi*. Härtere Materialien wie Marmor, Granit oder Stein sind sehr *Yang* und beschleunigen hingegen den Fluss des *Chi*.

Umgekehrt verlangsamen weichere *Yin*-Oberflächen wie Sisal und Kork das *Chi*. Daher muss bei der Entscheidung für einen Küchenboden auch ein Gleichgewicht zur restlichen Einrichtung sichergestellt werden. Wenn sonst etwa Holz dominiert, wäre also ein *Yang*-Boden aus Stein oder Granit ein gutes Gegengewicht.

Sind aber große Arbeitsflächen aus Marmor oder Granit vorhanden, kann ein Boden aus Sisal oder Kokosfaser die für die Harmonie in der Küche nötige *Yin*-Energie schaffen.

FENG SHUI

Stilrichtungen

◄
Offene Regale, wie hier mit Stahlbehältern und Töpfen gefüllt, können ein hübscher Blickfang in der Küche sein.

◄
Hier wurden hinter dem Aga-Herd Hängehaken montiert, um damit zusätzlichen Platz zum Aufhängen der Utensilien zu schaffen.

▲
Die unterschiedlichen Formen und Stile des Geschirrs in Schränken mit Glasfront nehmen sich in der Küche sehr hübsch aus.

Stauraum

Der Küche kommt im Feng Shui große Bedeutung zu, da hier die Familie genährt wird. Reichlich gefüllte Kühlschränke und Tiefkühlgeräte sowie Schränke symbolisieren den Reichtum der Familie, und ausreichende Vorräte sorgen dafür, dass die Familie immer gesund und glücklich sein wird. Es ist jedoch nicht gut, Lebensmittel noch nach Ablauf ihres Verfallsdatums aufzubewahren, da dies negative Energie schafft. Überprüfen Sie Ihre Schränke daher regelmäßig auf abgelaufene Produkte und werfen Sie diese weg.

Die Arbeitsflächen sollten immer frei sein, da zu viele Gegenstände den Fluss des *Chi* behindern könnten. Lebensmittel, Geschirr, Utensilien und Besteck sollten in Schränken oder Hängeregalen verstaut werden. Obst und Gemüse machen sich in Hängekörben sehr gut, und der Anblick von frischem Obst in Hülle und Fülle bewirkt ein Gefühl des Überflusses. Aufbewahrungsgläser, Utensilien und andere Accessoires sind auf offenen Regalen ein hübscher Anblick, doch sollten diese in der Nähe von scharfen Kanten angeordnet werden, um negatives *Sha Chi* zu verhindern.

▲
Sie haben die Wahl zwischen frei stehenden Möbeln oder Einbaumöbeln, doch sollte für zukünftige Accessoires genügend Platz bleiben. Der warme Orangeton der Wände und die Einrichtung sorgt für beschwingte Energie und eine positive Atmosphäre in dieser Küche.

Das Badezimmer

▲
Biskuittöne und weiche Farben wie dieses Gelb sind im Bad Glück bringend.

Egal, ob Sie eine schnelle, belebende Dusche oder ein langes, genüssliches Bad nehmen wollen, die modernen Badezimmer sind wahrlich paradiesisch und helfen Ihnen, den Stress des Alltags abzulegen. Entspannungsfördernde Badeöle, Duftseifen und Kerzen – für etwas Feuerenergie – können allesamt zur richtigen Atmosphäre beitragen (siehe Stilrichtungen).

Für ein ideales Feng Shui-Badezimmer müssen Lage und Ort des Raums, Farben, Materialien und Strukturen berücksichtigt werden. Badezimmer sind dank ihrer geringen Größe sehr dankbare Gestaltungsobjekte; hier kann man auch ausgefallenere Materialien und Farben verwenden, die in anderen Räumen übertrieben wirken könnten.

Meistens entzieht sich die Lage des Badezimmers unserer Kontrolle – doch wir können eine gute Lage optimal nutzen und eine weniger glückliche Lage verbessern. Das Bad ist einer der ausgeprägtesten *Yin*-Bereiche im ganzen Haus, da hier sehr viel Wasser verwendet wird. Für eine luftige Atmosphäre sollten Sie daher für eine gute Belüftung sorgen und das Ansammeln feuchter oder stagnativer Energie verhindern.

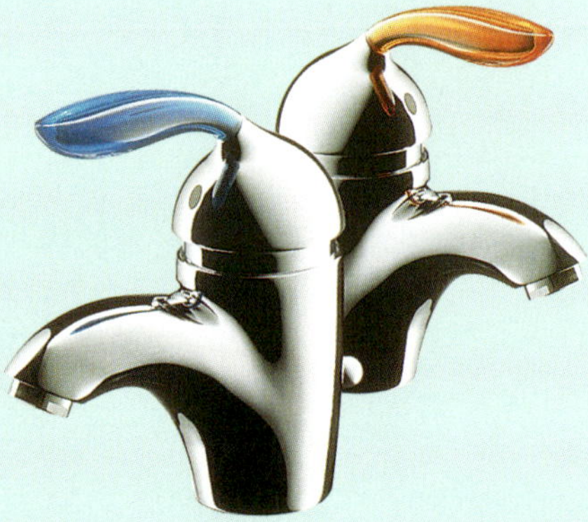

◄
Gestylte Chromarmaturen machen sich in einem modernen Bad sehr gut. Sie sind sehr *Yang* und benötigen als Gegengewicht etwas *Yin*-Energie.

►
Im Badezimmer können wir unsere Designwünsche ausleben, denn hier verbringen wir schließlich viel Zeit, um uns selbst Gutes zu tun.

spa

Ein Ort der Ruhe

◄ Es gibt eine große Auswahl an Armaturen, mit denen Sie das Bad in Ihrem ganz eigenen Stil einrichten können.

Idealerweise sollte sich das Badezimmer an einer Außenseite Ihres Zuhauses befinden. Das WC selbst sollte nicht zu sehen sein oder weit entfernt vom Haupteingang liegen, um möglichst wenig *Chi*-Energie aus den anderen Bereichen abzuziehen. Ein einfaches Heilmittel für eine Toilette in schlechter Lage ist es, den WC-Deckel und die Badezimmertür immer geschlossen zu halten. Auch ein nach außen zeigender türfüllender Spiegel an der WC-Tür schafft hier Abhilfe.

Die Kraft der Pflanzen

Heute haben die Häuser mehr Badezimmer als je zuvor. Im Feng Shui wird Wasser mit Reichtum assoziiert, und die Anzahl von Badezimmern und WCs und der Zustand der Installationen kann sich auf die Finanzlage der Bewohner auswirken. Eine unglückliche Anlage dieser Nassräume kann dem Zuhause die positive Energie entziehen, und ein im Südosten gelegenes Badezimmer kann das Reichtumsglück aus dem Haus spülen. Pflanzen können diese Situation verbessern, da Holz im Schöpfungszyklus der Elemente das Wasser nährt.

Optimale Farbgestaltung

Für das Badezimmer eignen sich vor allem Pastelltöne sehr gut – rosa, hellgrün, blau oder pfirsich. Ebenso gut können Sie Beigetöne und andere neutrale Farben einsetzen. Auch Schwarz und Weiß sind ratsam – insbesondere in Kombination mit einigen Farb-

Das ideale Badezimmer

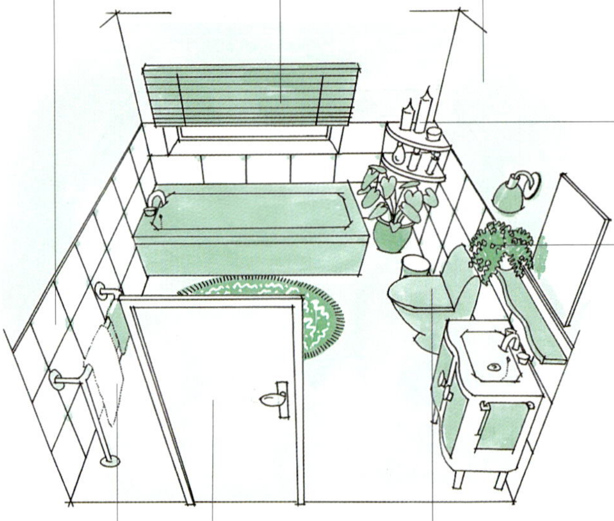

◄ Moderne Badezimmer benötigen eine gute Belüftung und gerade Linien. Entfernen Sie allen Trödel, und verbessern Sie den Fluss des *Chi* durch glatte Oberflächen.

▲ **Dieses außergewöhnliche Badezimmer enthält Chrom- und Glaselemente sowie Keramikfliesen – alles starke *Yang*-Elemente.**

klecksen in Form von hübschen Accessoires und Handtüchern.

Gerümpel weg!

Entfernen Sie alles Gerümpel und allen Trödel, denn das Badezimmer sollte einfache, saubere Linien aufweisen und luftig wirken. Die Oberflächen müssen Wasser abweisend und leicht zu reinigen sein. Härtere Oberflächenmaterialien wie Holz, Marmor oder Fliesen eignen sich besser als weiche Teppiche und Badezimmervorleger. Marmor, Granit und andere harte, glatte Oberflächen beschleunigen den Fluss des *Chi*, insbesondere glänzende und spiegelnde Materialien. Dadurch entsteht ein lebhafteres Ambiente, das Stagnation verhindert.

◄ **In der tiefblauen Einrichtung dieses Badezimmers kommen die weißen Keramikelemente von Waschbecken und Wanne gut zur Geltung.**

Gute Beleuchtung

Eine gute Beleuchtung ist im Badezimmer wichtig, um den Fluss des *Chi* zu stimulieren. In der Decke versenkte Halogenstrahler sind besonders wirksam und sollten, gekoppelt mit einer zusätzlichen Lichtquelle, zum Schminken und Rasieren verwendet werden. Gardinen und Jalousien aus Naturfaser bilden einen hübschen Kontrast zu dem *Yang*-Bodenbelag.

Badezimmer sind heute ein Ort der Entspannung. Welche Stilrichtung auch immer, Sie sollten sich mit jenen Materialien und Strukturen umgeben, die Ihr Bad zu Ihrem persönlichen Zufluchtsort machen.

DAS BADEZIMMER

Tipps

- Wenn Ihr Badezimmer keine Fenster hat, sollten Sie mithilfe eines Wandspiegels einen geräumigeren Eindruck schaffen.
- Eine gute Belüftung ist im Bad zum Absorbieren der Luftfeuchtigkeit ratsam.
- Pflanzen absorbieren die Luftfeuchtigkeit, geben dem Raum Leben und verhindern das Stagnieren des *Chi* in den Ecken.
- Falls sich die Badezimmertür direkt in einen anderen Raum öffnet, sollte diese immer geschlossen sein, um das Ausbreiten der negativen Energie zu verhindern.
- Die Oberflächen sollten möglichst wenig Kram aufweisen. Eine Vielzahl an Gegenständen und Möbeln würde eine stagnierende Atmosphäre schaffen.
- An das Schlafzimmer angeschlossene Badezimmer sind im Feng Shui nicht günstig. In diesem Fall sollte die Tür immer geschlossen sein.
- Der WC-Deckel sollte beim Spülen immer geschlossen werden, um die Negativität zu verringern. Da Wasser mit Geld assoziiert wird, werden beim Spülen auch das *Chi* sowie die Finanzen der Familie weggespült.

Stilrichtungen

Aromen

Obwohl das Badezimmer zum Duschen und Baden aller Bewohner ein sehr wichtiger Ort ist, gilt er unter Feng Shui-Experten doch als unglücklicher Raum, denn hier stagniert die Energie und hier wird das mit Geld assoziierte Wasser weggespült.

Dennoch sollte das Badezimmer ein angenehmer, einladender Raum sein, in den man sich nach einem harten Tag zur wohlverdienten Erholung zurückziehen kann. Sobald Sie die Einrichtung und Farbgebung festgelegt haben, können Sie sich ganz der Gestaltung des Ambientes widmen.

Zur Beruhigung geben Sie in einem Dufthäuschen entspannungsfördernde Aromaöle wie etwa Lavendelöl. Da das Badezimmer wegen der Wasser entziehenden Eigenschaften sehr *Yin* ist, sollten Sie eine Reihe von Duftkerzen und normalen Kerzen anzünden, um für mehr positive *Yang*-Energie zu sorgen. Benützen Sie sinnliche Seifen, duftendes Duschgel, luxuriöse Badeöle oder Schaumbäder, um damit Ihre Sinne anzusprechen und sich selbst ein ganz besonderes Badeerlebnis zu bescheren.

◄ **Zünden Sie während des Bads ein paar Kerzen an – dies sorgt für positive *Yang*-Energie.**

▼ **Duftende Badekugeln lösen sich im Wasser nur langsam auf und sorgen für einen herrlichen Geruch.**

◄ **Aromaöle im Bad sind eine Beruhigung für die Sinne. Geranium- und Lavendelöl sind dafür besonders gut geeignet.**

◄
Wählen Sie für das Badezimmer Seifen, die alle Sinne ansprechen. Sie müssen hübsch anzusehen sein, gut duften und sich angenehm anfühlen.

▲
Räucherstäbchen in einer Duftrichtung wie Sandelholz oder Zitronengras können im Badezimmer ebenfalls für eine entspannte Atmosphäre sorgen. Zünden Sie es an, kurz bevor Sie ein Bad nehmen.

▲
Duftsteine rund um die Badewanne und das Waschbecken verbreiten einen angenehmen Geruch und schaffen mehr *Yang*-Energie.

FENG SHUI

Stilrichtungen

▲
Oft haben Waschbecken aus Keramik sehr eckige Linien; sie wirken kühl und hart und sorgen damit für positive *Yang*-Energie.

►
Die Fliesen können einen großen Teil des Badezimmers einnehmen und den Gesamteindruck stark prägen. Ihre harte, glänzende Oberfläche bringt positive Energie in den Raum. Die Fliesen sollten in Form und Muster zum Badezimmer passen.

Strukturen

Wie auch in den anderen Räumen muss im Badezimmer ein Gleichgewicht zwischen harten und weichen Flächen und Strukturen herrschen. Da sich hier leicht stagnierende Energie sammelt, sollten verstärkt *Yang*-Materialien als Gegengewicht eingesetzt werden. Keramikwaschbecken und -wannen sind ebenso wie Wand- und Bodenfliesen sehr *Yang*.

Dies gilt auch für Chromarmaturen und -accessoires. Sie prägen den Stil eines Badezimmers und sorgen mit ihrer glänzenden Oberfläche für den schnelleren Fluss des *Chi*. Spiegel reflektieren das Licht mit seiner positiven Energie und lassen den Raum größer erscheinen. Holzelemente verstrahlen Wärme, und flauschige Badematten bieten durch ihre *Yin*-Energie das nötige Gegengewicht.

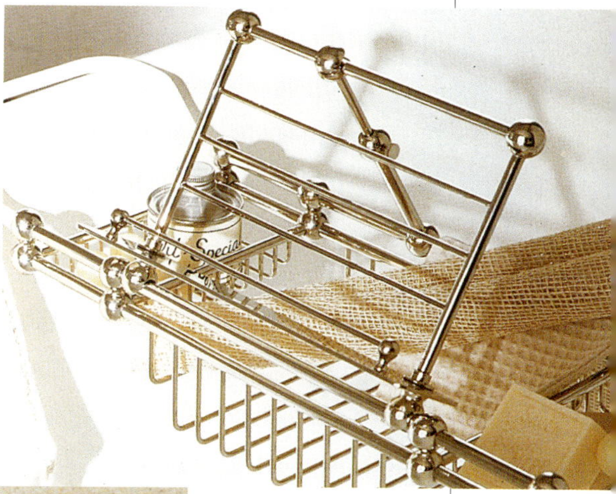

▲ **Die geraden, glatten Linien von Chromaccessoires bilden in weißen Bädern einen hübschen Kontrast und heben das Energieniveau.**

◄ **Möbel aus Naturholz sind schön und strahlen Wärme aus. Man kann darin weiche Handtücher und andere Badezimmerutensilien verstauen.**

Das Schlafzimmer

▲
Das Schlafzimmer muss eine entspannende und ruhige Atmosphäre, sanfte Farben und angenehm weiche Stoffe bieten.

Das Schlafzimmer zählt zu den wichtigsten Räumen eines Hauses, denn hier legt man sich nieder und entspannt sich nach einem harten Arbeitstag im Büro oder bei der Kinderbetreuung zu Hause. Zudem findet man hier den für die Gesundheit und die Kommunikation mit der Familie sehr wichtigen, regenerierenden Schlaf. Ein angenehmes *Yin*-Ambiente mit ruhigen Farben ist ideal – ebenso wie fließende Stoffe und ein bequemes, aber unterstützendes Bett. Das Schlafzimmer sollte möglichst wenige Möbelstücke und keinen Trödel aufweisen, um die Zirkulation des *Chi* im Raum nicht zu behindern und einen tiefen Schlaf zu ermöglichen.

Dies ist auch ein Raum der Intimsphäre, denn hier schlafen Sie und haben Sex mit Ihrem Partner. Daher ist ein gutes Feng Shui im Schlafzimmer für Sie und eine liebevolle Beziehung äußerst wichtig. Sie sollten auf die richtige Platzierung des Betts achten und auf Elektrogeräte nach Möglichkeit verzichten. Zudem sollte alles, was Sie an die Arbeit erinnert, entfernt werden, um dadurch die richtige Stimmung zu erzeugen. Öl-essenzen, wie etwa Geranium- oder Lavendelöl, können auch zu einer entspannenden Atmosphäre vor dem Einschlafen beitragen.

►
Naturmaterialien betonen die entspannende Atmosphäre des Schlafzimmers und sind zudem ein hübscher Anblick.

Refugium der Ruhe

Ein Glück bringend angelegtes Schlafzimmer schafft Harmonie in der Familie und erhöht die Wahrscheinlichkeit guter Gesundheit, einer glücklichen Beziehung oder des Eheglücks. In diesem Raum muss klar das *Yin* überwiegen – dies ermöglicht tiefen, erholsamen Schlaf und eliminiert negative Energien.

Das Schlafzimmer darf keinerlei Trödel aufweisen, da dies eine Stagnation der zirkulierenden Energie zur Folge haben kann. Weiche, fließende Stoffe und Federbetten aus Naturbaumwolle oder Leinen verstärken den gewünschten *Yin*-Effekt und die Regenerationswirkung.

Schwarz ist keine gute Farbe für ein Schlafzimmer, da es zu *Yin* ist, wohingegen ein kräftiges Rot zu *Yang* ist – wie auch in den anderen Räumen sollte ein Gleichgewicht der Energien erzielt werden. Pastellfarben sind gut geeignet, doch optimal für das Schlafzimmer ist Blau – eine *Yin*-Farbe, die für Ruhe und Entspannung sorgt.

Der Grundriss des Raums

Idealerweise sollte das Schlafzimmer eine regelmäßige Form haben und keine Fehlbereiche des *Pa Kua* aufweisen. Eine L-Form etwa, die durch ein angeschlossenes Badezimmer entsteht, ist ein Problem, da die fehlende Ecke den Energiefluss im Raum durcheinanderbringt. Zudem könnten die scharfen Winkel der Mauern Giftpfeile abgeben und den Schlaf beeinträchtigen, wenn diese gegen das Bett gerichtet werden. Ein rechteckiger oder quadratischer Grundriss ist daher optimal.

Der richtige Standort für das Bett

Auch das Bett sollte eine regelmäßige Form aufweisen; Wasserbetten oder runde Betten sind nicht ratsam. Insbesondere Wasserbetten beeinträchtigen das gute Feng Shui des Schlafzimmers. Ein natürliches Holzbett wäre ideal. Eisenbetten können die Elektrizität von Geräten oder Radiatoren leiten, seien Sie damit also vorsichtig.

Doppelbetten sind für Beziehungen besonders Glück bringend – zwei Einzelbetten oder ein Bett mit zwei Matratzen stehen für eine unbeständige Beziehung und können mit der Zeit zu Problemen oder der Trennung führen.

Das Bett darf keinesfalls unter dem Fenster stehen, da dies mangelnde Unterstützung symbolisiert. Das Ende des Betts sollte nicht zur Schlafzimmertür zeigen – diese so genannte „Todesposition" muss unbedingt vermieden werden. Nehmen Sie ein Bett mit einem festen Kopfteil und stellen Sie es für eine gute Unterstützung gegen

◄
Ein natürliches Holzbett ist für einen ungetrübten Schlaf ideal, da es die Energie des Raums nicht beeinträchtigt. Wenn Sie wie hier ein Regal hinter dem Bett haben, sollte dies nicht zu sehr angeräumt sein – das Gewicht der Gegenstände könnte Ihren Schlaf belasten.

▲
Das warme, einladende Licht der Kerze sorgt im Schlafzimmer für eine besondere Wärme. Sie hebt zudem die Energie und schafft eine liebevolle, romantische Stimmung.

eine feste Wand. Dabei sollte es sich jedoch nicht um die Wand zum Bad oder WC handeln, da in diesem Fall die negative Energie des Nassraums angenommen werden könnte.
Das Kopfteil sollte im Sinne guter familiärer Beziehungen und Harmonie in die Richtung ihrer drittbesten Position oder *Nien Yen* zeigen. Diese Position können Sie durch die Berechnung Ihrer *Kua*-Zahl feststellen, die sich von Ihrem Geburtsdatum ableitet (siehe Seiten 76–77). Dadurch wissen Sie über die vier Glück bringenden Richtungen, in die Sie das Bett ausrichten können, sowie über die zu vermeidenden vier unglücklichen Richtungen Bescheid.

Schränke über dem Bett

Schränke oder Garderoben über dem Kopfteil des Betts sind ähnlich schädlich wie Balken an der Decke. Diese Anordnung ist zwar wegen des dadurch geschaffenen zusätzlichen Stauraums sehr beliebt, doch das negative *Chi* fließt in diesem Fall auf die im Bett liegenden Personen herunter. Das kann Kopfschmerzen oder einen unruhigen Schlaf zur Folge haben.

Entfernen Sie diesen Stauraum nach Möglichkeit zur Gänze. Wenn es der Raum erlaubt, können Sie das Bett auch unter dem Schrank hervorziehen und Schränke an dem neu entstandenen Platz aufstellen. Sollte dies nicht möglich sein, befestigen Sie zwei Bambusflöten am Hängeelement, um die Energie zu heben.

Eine andere Lösung wäre eine zeltartige Konstruktion aus dickem Stoff, die den unteren Teil des Hängeschranks wie ein Baldachin verdeckt. Diese romantische Gestaltung ist ein Schutz vor der negativen Energie.

◄ **Da das Schlafzimmer ein Raum der Ruhe sein sollte, müssen Elektrogeräte mit ihrer *Yang*-Energie nach Möglichkeit entfernt werden, denn sie können auch Untreue bewirken. Wenn Sie auf den Fernseher dennoch nicht verzichten möchten, decken Sie den Bildschirm in der Nacht ab.**

Das ideale Schlafzimmer

► **Das Schlafzimmer muss ein Ort der Ruhe und Entspannung sein. Vermeiden Sie Elektrogeräte und verwenden Sie einen batteriebetriebenen Wecker.**

Offene Regale

Im Feng Shui sind offene Regale nicht ratsam, da die Kanten Giftpfeile abgeben können. Besonders ungünstig ist es, gegenüber einer Reihe von offenen Regalen zu schlafen, da die schädliche Energie Krankheiten verursachen kann.

Es ist also empfehlenswert, die offenen Regale in Schränke umzuwandeln, indem Sie Türen daran befestigen. Sie können die Regale aber auch dicht und gleichmäßig mit Büchern füllen, um dadurch die Wirkung der Giftpfeile abzuschwächen.

▲
Planen Sie die Schlafzimmermöbel sorgfältig. Es sollten nur wenige Möbelstücke verwendet werden, doch müssen Sie deswegen nicht auf Ihren Lieblingsstuhl oder ein inspirierendes Bild verzichten.

◄
Wenn Sie ein Eisenbett bevorzugen, decken Sie das Kopfteil mit Kissen ab. In der Nähe sollten keine Radiatoren stehen, da sonst die Elektrizität geleitet werden könnte.

DAS SCHLAFZIMMER

Tipps

- Zur Förderung von Romantik bei Paaren oder Singles stellen Sie ein Paar Mandarin-Enten im Südwesten des Schlafzimmers oder in der Nähe des Betts auf.
- Sie können auch das Symbol für „doppeltes Glück" aufstellen – chinesische Kalligrafiezeichen für Liebe und Glück. Diese sind normalerweise in Gold auf eine rote Karte gedruckt – eine Glücksfarbe.
- Pflanzen und Blumen sind im Schlafzimmer wegen ihrer übermäßigen *Yang*-Energie nicht ratsam. Sie können bittere Gefühle und sogar Untreue nach sich ziehen.
- Auch Wasserobjekte wie etwa Aquarien oder Bilder mit Wassermotiven sind zu vermeiden, denn diese deuten auf einen Raub, Einbruch oder finanzielle Einbußen hin.
- Schwächen Sie scharfe Kanten über dem Bett ab, indem Sie einen geschliffenen Bleikristall davorhängen oder die Wirkung dieser Giftpfeile durch Stoffe mindern.
- Hängelampen oder Deckenventilatoren sollten nicht direkt über dem Bett angebracht werden, da diese Giftpfeile aussenden und den Schlaf beeinträchtigen können.
- Die Schlafzimmertür sollte nicht mit der WC-Tür auf einer Linie oder gegenüber einer anderen Tür oder Treppe in der Diele liegen. Ein Bett zwischen WC-Tür und Schlafzimmertür bringt Unglück. Schirmen Sie die negative Energie des angeschlossenen Badezimmers durch einen Paravent ab.
- Schlafen Sie nicht unter Balken. Ist dies unvermeidbar, hängen Sie zwei Bambusflöten auf (siehe *Esszimmertipps*, Seite 103).
- Das Bett sollte nicht in einem Spiegel oder dem Fernseher reflektiert werden, da dies Schlaf, Gesundheit oder Beziehung beeinträchtigen kann. Decken Sie den Fernseher gegebenenfalls in der Nacht ab.

FENG SHUI

Stilrichtungen

Beleuchtung

Das Schlafzimmer ist einer der wichtigsten Orte der Erholung, wo wir vom Stress des Tages ausspannen, uns im Schlaf regenerieren können, und wo unser Geist zur Ruhe kommt. Dieser Ort ist stark *Yin*, und daher muss die Beleuchtung eine gute Atmosphäre erzeugen – ein weiches, beruhigendes Licht. Verwenden Sie kein grelles Licht über dem Bett, da dies das energetische Gleichgewicht im Raum stört und Augenprobleme nach sich ziehen kann.

Dim-Schalter erleichtern die richtige Einstellung der Lichtintensität und eignen sich gut für Hängelampen in hübscher, runder Form und sinnlichem Bezug wie etwa aus Seide oder Musselin. Große Lampenschirme mit scharfen Kanten sind nicht ratsam, da diese schneidendes *Chi* über das Bett senden und Erkrankungen auslösen können.

Nachttischlampen mit abgerundeter Form des Lampenschirms als auch des Fußes sind gute Leselampen. Duftkerzen in unterschiedlicher Form und Größe riechen warm und angenehm und geben ein hübsches Licht. Damit fördern diese die Romantik, insbesondere bei einer Positionierung im Beziehungsbereich im Südwesten – doch sollten die Kerzen nur unter Aufsicht brennen.

▲ **Je nach Schlafzimmereinrichtung wählt man moderne oder eher traditionelle Lampen.**

◄ **Gemusterte Lampenschirme können nach der Farbe gewählt werden, die der Position und dem Element des Betts entspricht.**

► Moderne, verstellbare Nachttischlampen sind gute Leselampen, doch sollte das Licht nicht zu grell sein.

▼ Das Schlafzimmer bedarf einer starken *Yin*-Beleuchtung. Wählen Sie daher Lampen mit warmem Licht.

▼ Duftkerzen oder normale Kerzen riechen herrlich und geben ein angenehm warmes Licht.

Stilrichtungen

Bettwäsche

Mit der Bettwäsche können Sie die Wärme, Farbe und Romantik des Schlafzimmers betonen. Das Schlafzimmer stellt eine ausgeprägte *Yin*-Umgebung dar, und das muss bei den Stoffen berücksichtigt werden. Naturfasern sind ideal – kaufen Sie daher Bettwäsche und Überzüge aus reiner Baumwolle, Leinen oder sinnlicher Seide.

Nehmen Sie Stoffe, die sich gut anfühlen. Da man ein Drittel seines Lebens im Bett zubringt, ist es wichtig, sich darin auch wohl zu fühlen.

Für einen Baldachin über dem Bett sollten Sie einen weich fallenden Stoff wählen. Musselin und Seide sind optimal, da sie das *Chi* sanft um das Bett fließen lassen.

Farbe und Muster der Bettwäsche sollten zu jener Ecke des Raums passen, in der sich das Bett befindet. Wenn Ihr Bett etwa im Osten steht, wären Grüntöne passend, vor allem in Kombination mit einem quadratischen Muster, da diese beiden Gestaltungselemente die Erdenergie verkörpern.

Wählen Sie einen einfärbigen, dezenten Bettüberwurf, wenn Sie nicht sicher sind, ob ein Muster auch wirklich passen würde. Vermeiden Sie Federbetten oder Kissenüberzüge mit abstraktem Muster oder Dreiecksformen, da diese mit dem Feuerelement in Verbindung gebracht werden und zu viel *Yang*-Energie in jenem Raum erzeugen, der der friedlichste des ganzen Hauses sein sollte.

► **Mit dem Stoff auf dem wattierten Kopfteil können Sie das Element des Betts farblich betonen.**

◄ **Hier werden hübsche neutrale Farben in der Bettwäsche verwendet. Das Blau am Kopfteil unterstützt die nördliche Position des Betts.**

◄ Baldachinartig drapierte, weiche, seidige Stoffe sind sehr einladend. Das *Chi* kann langsam rund um die sanften Falten zirkulieren.

▼ Weiße Bettwäsche sieht immer frisch und adrett aus. Wenn das Bett im Westen des Schlafzimmers steht, betont dies auch das Element Metall.

Das
Kinderzimmer

▲
Wenn das Kinderzimmer groß genug ist, findet auch ein Schaukelpferd Platz, das bei Kindern ein Dauerbrenner ist.

▼
An einem Maltisch können sich Kinder stundenlang beschäftigen. Für einen solchen kreativen Bereich können kräftige Farben verwendet werden.

►
Das Kinderzimmer ist zum Schlafen und Spielen gedacht. Daher muss genügend Stauraum für das Lieblingsspielzeug vorhanden sein.

Kinder müssen laufend betreut und gefördert werden. Sie brauchen ein Gefühl der Sicherheit, aber auch ihre Privatsphäre und ihren eigenen Raum. Für sie ist das Kinderzimmer der wichtigste Raum ihrer Welt – ein Zufluchtsort, an dem sie spielen und Spaß haben und in der Nacht in Ruhe schlafen können.

Wenn jedoch das Feng Shui des Kinderzimmers nicht passt und die Kinder etwa unter einer ungünstigen Dachschräge oder im unteren Bett eines Stockbetts schlafen, kann sich dies negativ auf die gesamte Familie auswirken. Sofern Sie nicht in der glücklichen Lage sind, ein eigenes Spielzimmer zu haben, muss im Kinderzimmer ausreichend Platz zum Schlafen und Spielen sein.

Streichen Sie das Kinderzimmer in einer beruhigenden Farbe, verwenden Sie die richtigen Stoffe und Strukturen, und erleichtern Sie das Ordnunghalten durch freundliche Aufbewahrungssysteme. So erzeugen Sie eine ruhige, aber inspirierende Umgebung für Ihre Kinder.

Raumplanung

Ein gut organisierter Raum ohne Trödel ermöglicht positive *Chi*-Energie im Kinderzimmer. Bei Kindern herrscht immer Unordnung – doch ein unordentliches Zimmer behindert den Fluss des *Chi* und macht es ihnen schwer, klar zu denken und zu handeln. Sorgen Sie daher für ausreichend Stauraum (siehe Seiten 140–141) und ermuntern Sie die Kinder zum Zusammenräumen vor dem Schlafengehen. Dazu sollten leicht erreichbare Behälter auf dem Boden und Spielzeugkisten zur Verfügung stehen. Vermeiden Sie schwere Deckel, bei denen sich die Kinder ihre Finger einklemmen könnten.

Süße Träume

Wenn ein Kind einen unruhigen Schlaf hat, überprüfen Sie die Schlafrichtung. Es sollte mit dem Kopf in seine *Sheng Chi*- oder *Nien Yen*-Richtung schlafen, die aus seiner *Kua*-Zahl (siehe Seiten 56–57) ableitbar sind. Über dem Kopfteil sollten keine Regale oder Schränke hängen. Auch eine Dachschräge ist nicht ideal, da all diese Elemente Energie auf das Kind lenken, die den Schlaf stark beeinträchtigen kann. Auch Gegenstände unter dem Bett können den Schlaf stören. Das Kopfteil des Betts darf nicht unter einem Fenster stehen, da dies nicht dieselbe Unterstützung wie eine Wand bietet und den aktiven Fluss des *Chi* anregt, was ebenfalls den Schlaf stören kann.

Die Möbel sollten aus natürlichen Materialien sein und runde Kanten aufweisen, die kein schneidendes *Sha Chi* abgeben. Abgerundete Möbel fördern nicht nur das *Chi* in einem Zimmer, sondern verringern auch die Gefahr böser Unfälle.

Die Auswahl der Farben

Bedenken Sie bei der Einrichtung des Kinderzimmers das derzeitige Alter der Kinder sowie die charakterlichen Veränderungen mit zunehmendem Alter. Helle Farben sehen gut aus, können hyperaktive Kinder jedoch noch zusätzlich stimulieren. Ebenso sollten Tapeten und Stoffe mit lebhaften Mustern und Primärfarben wie Rot – eine starke *Yang*-Farbe – vermieden und insbesondere bei hyperaktiven Kindern durch dezentere Muster und Farben ersetzt werden. Hängen Sie an den Wänden Kunstwerke und Zeichnungen Ihrer Kinder auf – etwa ein Mobile aus Muscheln zur Erinnerung an einen Strandurlaub.

◄

Babys lieben diese bunte Spielmatte mit Tiermotiven. Wählen Sie dafür ein helles Modell in den Primärfarben, das den Kleinen sicher gefällt.

►

Auch in Hängebeuteln können Spielzeug und Spiele verstaut werden.

Geänderte Bedürfnisse

Mit zunehmendem Alter der Kinder wandelt sich das Zimmer vom Spielplatz eines Kleinkinds zum Wohnraum eines Teenagers. Auch die Prioritäten ändern sich, und statt freiem Raum für Spielzeug brauchen die Kinder später mehr Platz für ihre Hobbys, ihre Hausaufgaben und einen Computer.

Fördern Sie die Lust auf Bücher durch Leselampen neben dem Bett und die Wissbegierde durch einen Hängekristall im Nordosten des Raums, dem Wissens- und Ausbildungsbereich.

▲ Bei Platzproblemen ist ein Bett mit integrierten Laden zur Aufbewahrung von Gewand ratsam. Bunte Bettwäsche und Bilder sorgen für eine freundliche und einladende Atmosphäre – ideal für lebhafte, kleinere Kinder.

DAS KINDERZIMMER

Tipps

- Ein Mobile sorgt bei kleinen Kindern für Entspannung, doch sollte es nicht direkt über dem Bett hängen.
- Wenn die Kinderzimmertür gegenüber dem Badezimmer oder einer Treppe liegt, werden die Kinder vielleicht rebellisch und leiden an einem Motivationsmangel. Hängen Sie in diesem Fall ein Windspiel über die Tür.
- Ein festes, gut fixiertes Kopfteil gibt den Kindern ein Gefühl von Unterstützung und Sicherheit.
- Stockbetten sind nicht ratsam, da sich dadurch das im unteren Bett liegende Kind bedrückt fühlen könnte.
- Schirmen Sie den Computer vom Bett ab, und schalten Sie ihn bei Nacht zur Reduzierung des elektromagnetischen Stresses aus.
- Wenn ein Fernseher im Kinderzimmer steht, sollte dieser nicht zum Bett zeigen, da die Spiegelung des Kinds beim Schlafen schlechtes Feng Shui bedeutet. Decken Sie den Fernseher gegebenenfalls in der Nacht ab.
- Stellen Sie einen Quarz oder Amethyst zur Förderung des Ausbildungsglücks auf den Schreibtisch.

Das ideale Kinderzimmer

Eine Stärkung des Westens des *Pa Kua* – Kinderglück – wirkt sich auf die Gesundheit, das Verhalten und die schulischen Leistungen der Kinder aus. Vor allem, wenn Ihre Kinder unglücklich zu sein scheinen, sollten Sie sich diesen Bereich genauer ansehen.

▲ **Ein übermäßig volles Zimmer beeinträchtigt das Leben der Kinder. Sorgen Sie daher für reichlich Aufbewahrungsmöglichkeiten. Schaffen Sie eine helle Einrichtung mit interessanter Bettwäsche und Bildern.**

Stilrichtungen

Stauraum

Kinder haben immer eine Menge Spiel- und Schulsachen, die oft im ganzen Kinderzimmer herumliegen. Das Problem verdoppelt sich, wenn zwei Kinder ein Zimmer teilen. Da ein angeräumtes Kinderzimmer den Fluss des *Chi* in den Raum behindert und das Denken und Handeln der Kinder beeinträchtigt, sollten Sie Ihre Kinder dazu anhalten, alte Spielsachen wegzuwerfen und die restlichen Dinge am Abend wegzuräumen, um die Energie

▼

Gestalten Sie das Kinderzimmer mit freundlich überzogenen Möbeln.

◄
Aufbewahrungssysteme aus Stoff eignen sich für kleinere Spielsachen. Man kann sie an Türen oder Schränken befestigen.

►
Holzmöbel bieten Stauraum für Bücher, Spielsachen und Kisten.

▼
Kombinieren Sie hängende und stehende Aufbewahrungssysteme. Abends wird Ordnung gemacht.

des Zimmers für die Nachtruhe zu verlangsamen.

Stapelbare Kunststoffkisten sind sehr praktisch und können entlang der Wand aufgestellt werden. Zu viele Kisten übereinander können jedoch bedrückend wirken. Die Farben sollten ansprechend, aber nicht zu kräftig sein, um nicht zu sehr zu stimulieren.

Holzmöbel mit flachen Laden eignen sich für kleinere Spielsachen, wie Spielzeugautos und Stifte. In niedrig stehenden Möbeln können die Kinder selbst für Ordnung sorgen. Besonders empfehlenswert sind Weidenkörbe, in denen vom Holzspielzeug bis zu den Plüschtieren alles Platz findet.

Der Garten

▲ **Die Wege sollten niemals gerade verlaufen, da das *Chi* zu rasch zu Ihrem Zuhause rauschen würde. Gewundene Pfade hingegen fördern den langsamen und freien Energiefluss durch diesen Bereich.**

► **Schaffen Sie in Ihrem Garten einen Zufluchtsort, an dem Ihre Familie bei Sonnenschein und einem Getränk Entspannung findet.**

► **Mischen Sie kleine und hohe Sträucher und verschiedenfarbige Blumen, um ein Gleichgewicht zwischen *Yin* und *Yang* zu erzielen.**

Feng Shui in unserem Zuhause zeigt uns, wie wir am besten in Harmonie mit unserer Umgebung leben können. Ein echter Feng Shui-Garten sollte sich an die Natur anlehnen und Harmonie erzeugen.

Bäume und hohe Sträucher sorgen am Ende des Gartens für den nötigen Schutz. Ein Gleichgewicht erreichen Sie durch eine Mischung unterschiedlich geformter und unterschiedlich großer Pflanzen, bei der keine Sorte dominiert. Die Wege sollten sich durch den Garten schlängeln – ähnlich der Bewegung der *Chi*-Energie. Geradlinige Pfade kann man von Pflanzen überwuchern lassen, sodass das *Chi* rundherum zirkulieren kann.

Wasserobjekte und Teiche sind zu jeder Jahreszeit ein hübscher, friedlicher Anblick – sie ziehen *Chi* an und symbolisieren Reichtum. Zusätzliche *Yang*-Energie kann durch die Gartenbeleuchtung erzielt werden, die zudem dunkle Ecken aufhellt.

Garten-planung

Über Jahrhunderte spielte der Garten im Anschluss an ein Haus eine wichtige Rolle – ein Ort der Pflanzen und Blumen, ein Ort, an dem die Familie entspannen und Gäste empfangen konnte. Der Garten ist ein vielseitiger Bereich, der sehr leicht im Sinne des Feng Shui verbessert werden kann, um mehr wertvolles *Chi* in unser Leben zu bringen. Im alten China sollten die Gärten die Landschaft widerspiegeln und Feng Shui für die Besitzer ermöglichen. So wurden etwa Steine als Symbol für die Berge in liebevoll kultivierte Gärten gesetzt, und hübsche Teiche wurden am richtigen Platz als Sinnbild für Flüsse und Seen angelegt.

Ein fruchtbarer Garten

Für den perfekten Feng Shui-Garten empfiehlt sich eine gute Mischung aus Blumen, Sträuchern und Bäumen, die mit ihrem Duft oder ihrer Farbe in jeder Jahreszeit die Sinne ansprechen. Die Pflanzen sollten üppig, gesund und gut zurückgeschnitten sein und sich in der Form ergänzen, um das gute Feng Shui für Ihr Heim und die Bewohner zu betonen. Setzen Sie im Südosten Ihres Gartens gesunde Pflanzen, um Reichtum, Glück und Wohlstand zu fördern.

Streben Sie im Garten ein Gleichgewicht zwischen *Yin* und *Yang* an. Weiches *Yin*-Blattwerk kann durch das *Yang* von Naturstein und Felsen ausgeglichen werden. Steinornamente und Pflanzen in Terrakottatöpfen sorgen speziell im Südwesten und Nordosten für etwas Erdenergie. Stein, Holz und Metall haben ihren eigenen Platz, den Sie dem *Pa Kua* (siehe Seiten 26–29) entnehmen können.

Kletterpflanzen

Die meisten Stadtmenschen haben Wände und Zäune um ihre Gärten, die sie nicht selbst ausgewählt haben. Doch auch diese kann man nützen, indem man sie als Stütze für Kletterpflanzen und -blumen verwendet. Das bringt nicht nur Farbe in den Garten, sondern vergrößert den Garten nach oben. Zusätzlich kann man mit diesen Pflanzen auch die scharfen Kanten oder Winkel abschwächen und somit das schädliche, schneidende *Chi* verringern.

◄ **Im Garten erzielen Sie mit verschiedenen Materialien die unterschiedlichsten Wirkungen. Kies und Ziegel sind sehr *Yang* und können zur Abtrennung von Sitzbereichen und Gartenbegrenzungen verwendet werden.**

► **Auf einem größeren Areal pflanzen Sie eine Mischung aus blühenden und immergrünen Sträuchen als Umrankung von Pergolen.**

DER GARTEN

Tipps

- Gartenbeleuchtung im Südwesten des Gartens kommt dem Lebensbereich von Ehe und Beziehungen zugute.
- Starke, rasch wachsende Sträucher oder kleine Bäume sind am Ende des Gartens ein guter Schutz.
- Vertrocknete Blätter und verblühte Blüten sollten entfernt werden, da solch tote Materie negatives *Chi* erzeugt.
- Ein Wasserobjekt in Form eines Teichs, Brunnens oder Vogelbads ist ein wichtiger Teil jedes Feng Shui-Gartens.
- Zu viel Wasser in der Nähe des Hauses ist jedoch nicht ratsam, da Swimmingpools sehr *Yin* sind und Sie überwältigen können, wenn sie nicht gut geplant wurden.
- In einem kleinen Innenhof oder auf einer Terrasse können Kletterpflanzen und -blumen für zusätzliches *Chi* sorgen.
- Entfernen Sie tote Baumstümpfe und verrottende Pflanzen, da diese *Sha Chi* verursachen.
- Felsen mit ihrer starken *Yang*-Energie sind ein Kontrast zu den weicheren *Yin*-Pflanzen.

◄ **Eine rustikale Holzbank sieht in einem ländlichen Garten sehr hübsch aus und im Osten aufgestellt, betont diese auch das Holzelement.**

Ein guter Bereich

Unser Zuhause hat zumeist viele harte, gerade Linien. Ein Kontrast durch natürliche Kurven und weiche Formen wie Begrenzungen, Rasenflächen und Bäume fördert als Ausgleich dafür den gemächlichen Fluss des *Chi*.

Auch gewundene Pfade durch den Garten verstärken den sanften Fluss der *Chi*-Energie. Mit Beleuchtung und Laternen, die eigens für die Benützung im Freien gedacht sind, können Sie zudem einen Hauch von Luxus in Ihren Garten bringen.

Stilrichtungen

▲
Kunstvolle Wasserobjekte können zum Anziehungspunkt des Gartens werden, doch sollte der Rest davon nicht erdrückt werden.

▲
Ein unregelmäßig geformter Teich wirkt sehr natürlich, besonders wenn er eine interessante Mischung von Wasserpflanzen enthält.

►
Goldfische gelten im Feng Shui als Glück bringend. Die Anzahl von neun Fischen ist für einen Teich besonders gut.

▼
Ein Teich muss laufend gepflegt werden, da tote Pflanzen oder kranke Fische stagnierende *Chi*-Energie bewirken können.

►
Wenn Sie nur Platz für ein kleines Wasserobjekt haben, kann dies ebenso günstig sein wie ein großes, wenn das Wasser dafür dauernd im Fluss ist.

▲ Ein kunstvoller, großzügig angelegter Wasserfall über Felsen wird sicherlich Furore machen.

► Ein Teich kann ein wunderschöner Anblick sein, doch muss er am besten Feng Shui-Ort angelegt werden.

Wasser

Tropfende, gurgelnde, spritzende oder blubbernde Wasserobjekte sind das ganze Jahr über ein schöner Anblick – ein ständiges Spiel der Reflexionen, von Licht und Schatten vor dem Hintergrund üppiger Pflanzen oder geheimnisvoller Steine. Wasser kann die Nerven beruhigen und die menschliche Psyche auf unerklärliche Art und Weise beeinflussen. Darüber hinaus ist Wasser der Schlüssel zu gutem Feng Shui im Garten, da das Wasser für Wohlstand steht und *Chi* anzieht, dessen freier und ungehinderter Fluss für eine harmonische und glückliche Umgebung unerlässlich ist.

Im Feng Shui ist der Standort der Wasserobjekte sehr wichtig. Traditionellerweise sollten sich diese vor dem Haus befinden, doch da die Gärten im Westen eher hinter dem Haus größer sind, entstehen die Wasserobjekte zumeist hier, und das kann problematisch sein. In diesem Fall ist laut Kompassschule des Feng Shui die Richtung von größter Bedeutung. Berechnen Sie den richtigen Standort mithilfe der Wasserdrachenformel. Der ideale Teich hat geschwungene Konturen und eine große Oberfläche für einen gesunden Lebensraum der Tiere.

FENG SHUI

Stilrichtungen

▲ Ein gewundener Weg führt durch den Garten und zu einem hübschen, sonnigen Sitzplatz inmitten von Sträuchern und Kräutern.

◄ Der steinige Pfad in diesem hübschen Landgarten scheint bereits seit Jahren hier zu liegen. Die schönen rosa und roten Blumen, die den Weg säumen, sind sehr *Yang*.

▼
Ein gewundener Rasenpfad entsteht, indem man die benachbarten Blumenbeete so anlegt, dass schnellwüchsige Sträucher überhängen oder in diesem Bereich ausgeschnitten werden.

▲
Ein Materialmix bietet sich für einen hübschen verschlungenen Gartenweg an. Hier wurden längliche Trittsteine mit Kieselsteinen kombiniert.

Wege

Hübsche, gewundene Pfade sind das Kernstück jedes Feng Shui-Gartens. Sie sind ein wichtiger Bestandteil des leicht kontrollierbaren Flusses des *Chi*. Oft sind Gartenwege jedoch nur hastig verlegte Betonsteine oder eine Mischung aus übrig gebliebenen Trittsteinen. Doch mit etwas Planung kann auch der unansehnlichste Weg mit einem kleinen Budget zu einem hübsch gewundenen, mit Kriechpflanzen gesäumten Pfad werden.

Ein geschlungener Pfad kann den Garten optisch gliedern, zu runden asphaltierten Bereichen führen oder sich spiralförmig durch den Garten winden und damit einen fließenden Weg für das *Chi* darstellen. Wege, Terrassen, Treppen und Mauern sollten aus demselben Material sein. Als Materialmix für Wege bieten sich graue Steinplatten gesäumt von roten Ziegelsteinen und in gewundenem Fischgrätmuster verlegte Ziegel an.

Bodennahe oder überhängende Randbepflanzungen können für eine angenehme Duftnote – etwa durch Kräuter wie Rosmarin oder Lavendel – und Farbe sorgen, wodurch ein Gleichgewicht der fünf Elemente erreicht werden kann.

Stilrichtungen

◄ Das warme Licht der Kerzen sorgt im Garten für etwas *Yang*-Energie. Vor allem Duftkerzen vertreiben zudem auch lästige Insekten.

▼ Hängelaternen auf Bäumen oder Wandhaken im Süden Ihres Gartens betonen das Feuerelement.

Beleuchtung

Die Gartenbeleuchtung kann ein warmes, einladendes Licht abgeben und für eine entspannte Stimmung sorgen. Sie verschönert den sommerlichen Essplatz oder setzt Akzente bei bestimmten Pflanzen der Saison, wie den spektakulären Rot- und Brauntönen des Herbsts oder den blauen, rosa, gelben und weißen Blüten des Frühlings. Licht steht für das Feuerelement und verstrahlt positive *Yang*-Energie.

Laternen sind besonders im Süden des Gartens sehr wirksam, da dieser Bereich das Feuer symbolisiert. Kleine, unauffällige Lichter können in alle Bereiche des Gartens Glück bringen. Der kluge Einsatz der Beleuchtung ist auch eine effiziente Möglichkeit, um das Erdglück zu nützen und dadurch das Glück in familiären Beziehungen zu fördern.

Der Einsatz von Licht zum Betonen der guten Bereiche des Gartens und zum Vertreiben von Problemen kann das Garten-Feng Shui wesentlich verbessern. Bestimmte Elemente werden gestärkt und Anerkennung und Ruhm angezogen.

◄ Das Essen im Freien gehört zu den besonderen Freuden des Sommers. Laternen, Kerzen oder Fackeln sorgen für eine romantische Stimmung und positive Energie.

▼ Die Gartenbeleuchtung kann weich und dezent sein. Für indirektes Licht stellen Sie die Lampen unter Gebüsch oder hinter Steine.

▼ Diese prachtvolle Lampe strahlt Licht in den unterschiedlichsten Farbtönen aus.

FENG SHUI

Stilrichtungen

Bepflanzung

Pflanzen sind der wichtigste Bestandteil jedes Gartens, doch für einen Feng Shui-Garten bedarf es besonderer Überlegungen. Eine Kombination aus Pflanzen mit farblich und strukturmäßig kontrastierendem Blattwerk sieht hübsch aus und bildet ein Gleichgewicht zwischen *Yin* und *Yang*.

Kleine Sträucher sind für den südlichen Bereich – den Phönixhügel – des Feng Shui-Gartens am besten geeignet. Sie bilden einen nahtlosen Übergang von den höheren Pflanzen, die den Drachenbereich des Gartens (rechts der Eingangstür, von innen gesehen) dominieren sollten, zu den kleinwüchsigeren blühenden Pflanzen im vom Tiger überwachten Bereich (links der Eingangstür).

Für das Feng Shui günstig sind Sträucher wie Kamelien und Rosen, doch auch Forsythien, Clematis und Rhododendron sind gut geeignet.

Im vom grünen Drachen regierten Osten des Gartens wachsen Bäume wie der chinesische Taubenbaum (*Davidia involucrata*) und die Seidenakazie (*Albizia julibrissia* f. rosea) sowie deren hängende Sorten. Für Duft sorgen Flieder, etwa die weiße „Mme Lemoine" oder die rote „Souvenir de Louis Spaeth". Im Bereich des weißen Tigers im Westen sollten Blumen gepaart mit niedrigen Sträuchern gesetzt werden.

◄ **Orange-rote Blüten setzen im Garten kräftige Akzente. Im Süden gepflanzt, werden diese die Bereiche Anerkennung und Ruhm verstärken.**

▼ **Mohnblumen lassen den Garten wild erscheinen – das kräftige Rot ihrer Blüten ist sehr *Yang*.**

▼
Als Gegengewicht zu hohen Bäumen empfehlen sich in einem Feng Shui-Garten kleinwüchsige Sträucher und Blumen.

▲
Der Garten bedarf einer guten Mischung aus *Yin* und *Yang*. Experimentieren Sie mit unterschiedlich blühenden und immergrünen Pflanzen, unterschiedlichen Formen und Strukturen, bis ein ausgewogenes Bild entsteht.

Stilrichtungen

▲
Ein gestrichenes Spalier verdeckt unansehnliche Mauern und Zäune und ist eine gute Stütze für Kletterpflanzen.

▲
Beim Essen im Freien sollte reichlich Schatten vorhanden sein. Unter diesen Schirm im Kolonialstil passen sowohl der Tisch als auch die Stühle.

►
Terrakottatöpfe machen sich mit blühenden Blumen oder Kräutern sehr gut. Sie verstrahlen Wärme und gute Erdenergie im Garten. Im Südwesten aufgestellt, fördern diese die Bereiche Ehe und Romantik.

► Sonnenschirme sind ein unerlässliches Accessoire für ein Essen im Freien oder für die Entspannung im sonnigen Garten.

▼ Eine Metallbank im Westen Ihres Gartens fördert die Energien in diesem Bereich.

Accessoires

Sobald Sie die Anlage und Bepflanzung des Gartens festgelegt haben, können Sie die Accessoires zur Betonung der Bereiche auswählen. Da man im Sommer sicherlich gerne im Freien isst, sind die Möbel sehr wichtig.

Optimal sind runde Tische, da diese kein schneidendes *Chi* abgeben. Falls Sie sich zu einem Tisch mit Ecken entschließen, decken Sie diese mit einem Tischtuch ab. Stühle mit geschwungener Form verbessern den Fluss des *Chi*. Die Entscheidung für Weichholz (*Yin*) oder Hartholz (*Yang*) sollte dabei von der restlichen Ausstattung abhängen. Sonnenschirme aus Naturmaterialien schützen vor übermäßiger Sonneneinstrahlung.

Große runde Tontöpfe, die das Erdelement symbolisieren, können zum Blickfang im Garten werden. Sie können zur Betonung des Südwestens (Ehe und Romantik) und im Nordosten (Ausbildung und Wissen) eingesetzt werden.

Zur Belebung langweiliger Zäune oder nackter Mauern können Sie unterschiedliche Spaliere auswählen. Diese sind gleichzeitig Stütze für Kletterpflanzen, die Farbe in den Garten bringen, und sie verdecken scharfe Kanten, die schneidendes *Chi* aussenden könnten.

Danksagung

Die Autoren bedanken sich bei den folgenden Personen für ihren Beitrag zum vorliegenden Buch: **Helen Oon**, **Nikoletta Stamatatos**, **Lillian Too**, **Gina Lazenby**, **Nicola Stocken, Jonathan Edwards**, **Denise Linn**, **Master Yap Leong** und **Jon Sandifer**.

Mary Lambert arbeitet in London und macht Feng Shui-Beratungen für Kleinunternehmen und Privatpersonen. Sie ist unter der Telefonnummer 0800 955 6021 erreichbar.

Die Autoren bedanken sich zudem bei den folgenden Unternehmen für die Bereitstellung des Bildmaterials:

Barnett Lawson Trimmings Ltd
16/17 Little Portland Street,
London W1P 1HA
Tel.: 020 7629 4567
Fax: 020 7629 4568
E-Mail: barnett@easynet.co.uk
Windspiele, Kristalle, Kerzen

Crucial Trading
PO Box 11, Duke Place,
Kidderminster DT10 2JR
Tel.: 01562 820005
Teppiche

The Decorative Fabrics Gallery
278 Brompton Road, London SW3
Tel.: 020 7589 4778
Fax: 020 7589 4781
Stoffe und Teppiche

The Holding Company
184 New Kings Road,
London SW6 4NF
Tel.: 020 7610 9160
Aufbewahrungssysteme

Intermura
27 Chalk Farm Road,
London NW1 8AG
Tel.: 020 7485 6638
Fax: 020 8986 8126
Polstermöbel, Vorhänge, Jalousien, Tapeten und Stoffe

Kartell
Via delle Industrie 1,
20082 Noviglio
Italien
Tel.: (39) 02 90012.1
Fax: (39) 02 9053316
E-Mail: katell@kartell.it
Möbel

Ligne Roset
Möbel

McCord
Bestell Tel.: 0870 908 7020
www.mccord.uk.com
Möbel und Accessoires

Monkwell
The Decorative Fabrics Gallery
278 Brompton Road,
London SW3
Tel.: 020 7589 4778
Fax: 020 7589 4781
Stoffe

Shadwell
Arch 136, Chapman Street
London E1
Tel.: 020 7702 7391
Möbel

Yellow Diva
326 Kensal Road,
London W8 5BZ
Tel.: 020 7565 0012
Fax: 020 7565 0013
Stühle

Bildnachweis

Fotos

IPC Associates: 1, 9, 37 (rechts oben), 40 (alle), 41 (alle), 79 (links unten), 88 (alle), 89, 90, 92 (oben), 93, 100 (alle), 101, 102 (oben), 103, 106 (alle), 107 (links unten), 110, 111, 112, 113 (alle), 114 (alle), 115 (alle), 124 (alle), 125 (alle), 127, 140 (alle), 141 (alle), 142 (unten), 144–145, 146 (Mitte), 148 (oben), 150 (alle), 151 (oben und rechts unten), 154 (links oben und unten), 155 (alle)

Zeitschrift *Feng Shui for Modern Living*: 2, 3, 5 (alle), 10, 11 (links und Mitte), 17 (rechts oben und links unten), 18 (oben), 20 (oben und rechts unten), 21 (beide), 22, 24 (alle), 25, 30 (unten), 31 (oben), 32 (oben und Mitte), 33 (alle), 34 (alle), 35 (alle), 39 (rechts), 58, 60 (alle), 61 (alle), 62 (alle), 63 (alle), 71 (links, Mitte und unten), 73 (unten), 75 (alle), 82 (alle), 83, 84, 94 (alle), 95 (alle), 97 (oben und Mitte rechts), 98 (alle), 98–99, 99 (alle), 104 104–105, 105 (alle), 118 (oben), 119, 120 (unten), 121 (unten), 136 (alle), 137, 138, 138–139, 139 (unten), 152 (oben)

Robert Harding Picture Library: 8, 11 (rechts und unten), 12, 13 (alle), 14 (oben), 15, 16, 17 (links oben und rechts unten), 23, 30 (oben), 32 (unten), 36 (alle), 37 (links oben und rechts, links unten), 38 (Mitte), 39 (oben und links unten), 43, 44–45, 46, 47, 48–49, 49, 50–51, 52, 53, 54 (alle), 55, 56–57, 59, 64, 65, 66 (alle), 67, 68, 69 (alle), 73 (oben und Mitte), 79 (oben und rechts unten), 81 (alle), 85 (alle), 86, 87 (links oben und unten), 91, 92 (unten), 102 (unten), 107 (rechts unten), 108 (alle), 109 (alle), 126, 129, 132 (alle), 133 (alle), 134, 134–135, 135 (alle)

Science and Society Picture Library: 14 (unten)

The Holding Company: 18 (links unten und rechts), 19, 20 (links unten)

The Decorative Fabrics Gallery: 28, 29

Garden Picture Library: Garden Picture Library/Marie O'Hara: 31 (unten), Garden Picture Library/JS Sira: 38 (unten), Garden Picture Library/ Gary Rogers: 80, Garden Picture Library/Brigitte Thomas: 142 (links), Garden Picture Library/Juliette Wade: 143, Garden Picture Library/Ron Evans: 144, Garden Picture Library/ Roger Hyam: 145, Garden Picture Library/Ron Sutherland: 146 (rechts oben), Garden Picture Library/ Steven Wooster: 146 (links unten), Garden Picture Library/Marie O'Hara: 146 (rechts unten), Garden Picture Library/ Steven Wooster:147 (oben), Garden Picture Library/Ron Sutherland: 147 (unten), Garden Picture Library/Henk Dijkman: 148 (unten), Garden Picture Library/Ron Sutherland: 149 (oben), Garden Picture Library/Howard Rice: 149 (unten), Garden Picture Library/ Tim Griffith: 151 (links unten), Garden Picture Library/Juliette Wade: 152 (unten), Garden Picture Library/ Howard Rice: 153 (links), Garden Picture Library/Eric Crichton: 153 (rechts), Garden Picture Library/Ron Sutherland: 154 (rechts oben)

Monkwell: 70, 71 (rechts)

Shadwell: 72, 74

Crucial Trading: 87 (rechts)

Ligne Roset: 96–97 (oben), 97 (rechts unten), 107 (oben)

Intermura: 96 (unten)

Yellow Diva: 97 (links unten)

McCord: 104 (Mitte)

Hansgrohe: 118 (unten), 120 (oben), 121

Elizabeth Whiting Associates: 128, 130 (oben), 131 (oben)

Artworks:

Zeitschrift *Feng Shui for Modern Living*: 26, 27, 28, 61, 76, 77

Kate Simunek/Cima Books: 91, 102, 110, 120, 130, 139

Register

T

V

W

Y

Z